TIAGO NOVAES

BALEIAS
NO
DESERTO

O CORPO, O CLIMA,
A CURA PELA TERRA

Baleias no Deserto
© 2023, Tiago Novaes

Edição: Felipe Damorim e Leonardo Garzaro
Assistente Editorial: Leticia Rodrigues
Arte: Vinícius Oliveira e Silvia Andrade
Capa: Cristina Gu
Revisão: Miriam de Carvalho Abões e Maíra Ferreira
Preparação: Leticia Rodrigues

Conselho Editorial:
Felipe Damorim, Leonardo Garzaro, Lígia Garzaro,
Vinicius Oliveira e Ana Helena Oliveira.

Dados Internacionais de Catalogação na Publicação (CIP)
(Câmara Brasileira do Livro, SP, Brasil)

N935b

Novaes, Tiago

Baleias no deserto / Tiago Novaes. – Santo André - SP: Rua do Sabão, 2023.

304 p.; 14 X 21 cm

ISBN 978-65-81462-32-1

1. Ensaios. 2. Narrativas de viagens. I. Novaes, Tiago. II. Título.

CDD 869.41

Índice para catálogo sistemático
I. Ensaios
Elaborada por Bibliotecária Janaina Ramos – CRB-8/9166

[2023] Todos os direitos desta edição reservados à:
Editora Rua do Sabão
Rua da Fonte, 275 sala 62B - 09040-270 - Santo André, SP.

www.editoraruadosabao.com.br
facebook.com/editoraruadosabao
instagram.com/editoraruadosabao
twitter.com/edit_ruadosabao
youtube.com/editoraruadosabao
pinterest.com/editorarua
tiktok.com/@editoraruadosabao

TIAGO NOVAES

BALEIAS NO DESERTO

O CORPO, O CLIMA, A CURA PELA TERRA

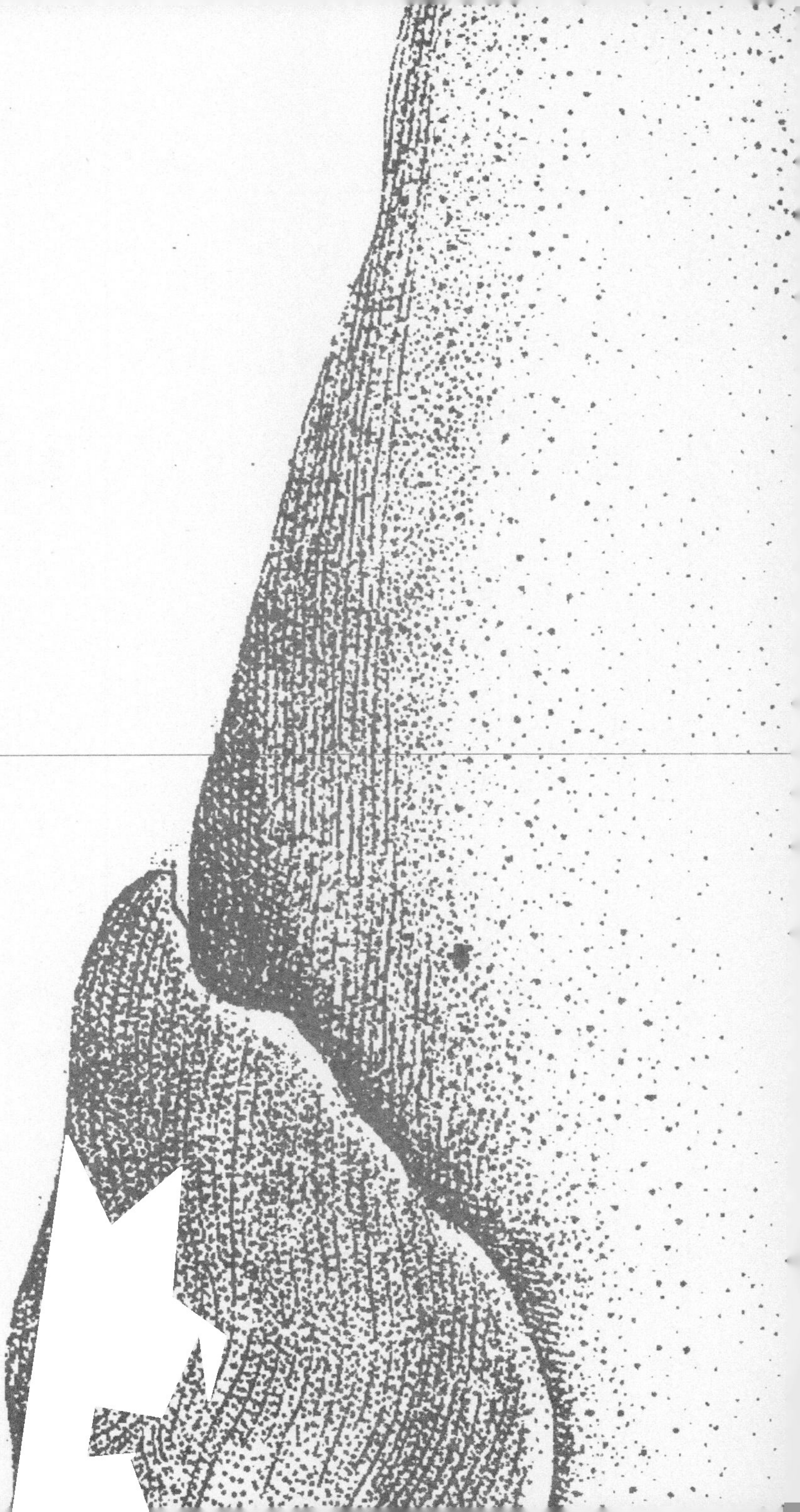

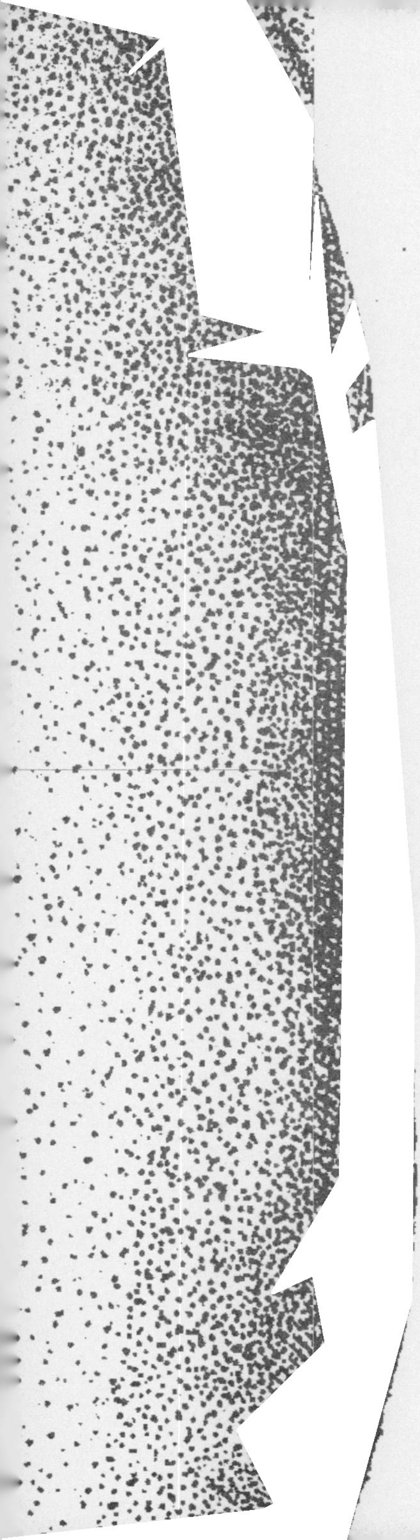

Parte I

Nosso deserto

"O voo de um pássaro no céu
não tem rastro nenhum."
Ailton Krenak

"Somos estúpidos, vamos morrer."
Zora, *Blade Runner*

1. A oração do macaco

A primeira vez em que ouvi a palavra epifania foi numa aula de Português do colégio. O professor, magro e de bigode bem aparado, um sujeito sóbrio e cordial, valera-se do termo para interpretar um conto de Clarice Lispector. A epifania, nas palavras do professor, consistia num momento de descoberta, uma lucidez repentina, o instante em que o mundo, em geral opaco e confuso, assumia uma forma inteligível — e de tal modo inteligível que faltariam palavras para descrevê-la. No conto de Clarice, a protagonista é uma mulher de classe média que viaja de bonde a caminho de casa com uma sacola ao colo, dentro da qual chacoalham os ovos enrolados num jornal, junto a outras compras daquela tarde. Em dado momento, o bonde para no ponto. A mulher avista um homem do lado de fora mascando chicletes, olhando para ela. No instante seguinte, a protagonista se dá conta de que o homem é cego. A mulher grita. O bonde, que havia recomeçado a marcha, estaca subitamente. A sacola de tricô cai do seu colo, os ovos se quebram dentro da sacola. Aí se dava a epifania. A literatura de Clarice, o professor nos diria, podia ser enxergada como um testemunho permanente das epifanias íntimas de uma vida ordinária. Sua literatura era um ninho de assombros.

Eu tinha catorze anos quando ouvi aquilo e tive dificuldade de entender a epifania da personagem do conto. Também não ficara claro por que a história se chamava "Amor". Ao que parece, ambas as incógnitas estariam ligadas e se resolveriam a partir do entendimento de sua imbricação. Mesmo sem entender, gostara muito do conto e pensava que a minha vida era cheia de epifanias.

Na adolescência, elas iam e vinham. Às vezes miúdas, outras vezes imponentes e sufocantes. As que não entendia, costumava esquecer. Ou talvez ficassem impregnadas dentro de mim, como se eu estivesse subindo devagar uma montanha, e cada epifania fosse um passo, e eu nunca chegasse ao cume. Todo estado de ânimo aparecia como um *insight*, e eu me sentia uma testemunha quase sempre passiva deste clima instável de afetos. Os espantos cotidianos tinham algo de visceral e sedutor. E na mesma medida, surgiam como um milagre, uma transcendência, uma formação espiritual. Fichas caíam, uma após a outra, sem que eu tivesse tempo de entender o que se passava. Talvez eu gostasse de Clarice porque a ambiguidade e o enigma daquela lucidez traduzissem perfeitamente a minha paisagem íntima. Estar vivo era maravilhoso e aterrador — e me perguntava a todo o instante se estaria à altura daquela constante revolução.

Existem muitos nomes para a epifania, a depender de onde ela se dê. Nas aulas de filosofia do colegial, se dizia que Sócrates andava com uma lanterna acesa em plena luz do dia, convocando as pessoas de sua cidade a enxergar. Enxergar equivalia a pensar, e pensar era uma maneira de trazer à luz alguma coisa nova. O físico ou o matemático, quando decifravam uma equação ou uma lei natural, gritavam "eureca", numa descoberta quase sempre acidental. Um empresário teria um momento *a-ha* ao perceber que seria preciso mudar a própria postura para que sua companhia crescesse. No consultório, fala-se em ato analítico, o estranhamento súbito do sujeito consigo mesmo. É para que o paciente se escute que o analista muitas vezes responde a suas perguntas com um silêncio, outra pergunta, ou a interrupção súbita da sessão. No divã, a verdade está sempre debaixo do nosso nariz.

A personagem do conto de Clarice, Ana, havia assumido a felicidade cotidiana. Cultivava a família, plantava sementes. Tinha um marido que chegava sorrindo de fome ao fim do dia. Um apartamento que estavam pagando, com um fogão que dava estouros de tempos em tempos e cortinas que ela mesma havia costurado. Crianças que cresciam e nutriam necessidades cada vez mais completas. O cego mascando chicletes, que a cada mordida sorria e ficava sério para ela, como que lhe derrubara o filtro apaziguador que a preservava nesta vida. Desde então, tudo assumira um tom rubro e violento. Tudo se punha em movimento e desabrochava de um modo difícil de suportar. Atordoada pelo espetáculo do mundo, Ana passa do ponto em que deveria descer. Não sabe onde está. Acaba entrando no Jardim Botânico. Vive algo que em décadas posteriores as pessoas se apressariam a chamar de crise de despersonalização ou ataque de pânico, e que neste conto é o próprio título: amor. O amor lhe dava medo e náusea, o amor a atravessava.

Na minha adolescência, esses arroubos eram tão comuns que eu tinha dificuldade para me acalmar e observar com atenção. Apesar de todos os preconceitos e evitações típicos da idade, a vida se apresentava em sua integridade, e o que faltavam eram as estruturas de interpretação — o modo de compreender o assombro. Daí nascia o sentimento de culpa, a angústia e a inadequação. Os olhos dos outros pareciam calmos, pousados com paciência ou indiferença sobre as coisas. Os meus iam para toda a parte. Quando alguém se sente mareado em um navio, recomenda-se que fixe o olhar no horizonte. É um conselho que eu não recebi e que teria me feito bem. Não encontrava o horizonte e por isso estava sempre mareado, como a protagonista de Clarice, como a própria Clarice testemunhava por meio da escrita.

Com o tempo, o sentimento oceânico, o avesso, a eureca viraram um problema, um sonho recorrente, uma regularidade que se poderia compreender ou antecipar. Era preciso estar com os outros, exercer um papel, ganhar dinheiro, superar as fantasias infantis e o ensimesmamento. No divã, uma epifania não era apenas provocada, mas lida e interpretada. Ela se alargava e se integrava a um entendimento do que nos recusávamos a enxergar. As epifanias — as descobertas súbitas e íntimas — ganhavam uma cronologia, um sentido. Não eram pontos dispersos, estrelas num fundo de escuridão absoluta, mas constelações, histórias boas e ruins que um sujeito conta a si mesmo.

Este livro é o testemunho de uma grande epifania individual e coletiva. O assombro de um tempo. A tentativa de desenhar o abalo nas formas de enxergar o mundo a partir de uma investigação pessoal. Na escola, se falava muito em mudar o mundo, em torná-lo mais justo. O mundo nunca deixou de mudar, só que a despeito de nossas boas intenções. Processos que começaram há mais de duzentos anos chegam hoje às suas últimas consequências. O mundo mudou, e estamos tentando persegui-lo. A nossa pele, nossa carne e nosso pensamento estão mudando com ele.

Aprendemos muitas coisas ao longo da vida. A princípio, isso é bom e esperado. Mas todo aprendizado é uma cronificação. Estreitamos o repertório de reações e percepções. Não se sentir perdido é uma virtude — passe do ponto, contudo, e estará amolando as pessoas com seus rituais maníacos, e não saberá viver fora das suas caixinhas cognitivas, sejam elas lavar as mãos compulsivamente ou recusar-se a comer carboidratos numa viagem à Itália.

Para aprender, é preciso continuar escutando. E, para escutar, precisamos esquecer um pouco do que julgamos saber. O zen-budismo tem uma palavra para isso: *shoshin*, uma expressão que designa a inocência e a mente principiante. Na psicologia do desenvolvimento, existe uma ideia de que o sujeito precisa mudar para assimilar certas coisas. Ofereça ao aparelho psíquico algo que não se encaixa em seus padrões. Ele poderá recusá-lo, contornar o fato. Mas, num curso saudável de desenvolvimento, ele terá de acomodar suas estruturas internas em um novo padrão para poder assimilar a novidade.

A grande epifania que vou narrar aqui começou no momento mais agudo do isolamento social da pandemia de SARS-CoV-2, uma época que ninguém mais deseja recordar. De algum modo, a pandemia e a epifania foram fenômenos de causas comuns. Começou com uma nova maneira de enxergar o mundo em que vivemos, com uma desconstrução das imagens que fazemos do próprio corpo e de seu pertencimento inevitável a este planeta em sua complexidade insondável. E culminou numa escuta de sinais acusados por gente séria, antropólogos, monges e biólogos.

Dali em diante, os livros todos — sobre botânica, culturas indígenas ou meditação — começaram a falar sobre isso. "Está acontecendo em toda parte", escrevia uma antropóloga francesa na Sibéria. Se você viaja pelo mundo, poderá pressentir o caminho para onde as grandes cidades estão rumando, por mais diferentes que sejam entre si. Está no modo como plantamos e comemos. Está em nossa relação com o corpo, no modo como amamos e nas indagações sobre a vida conjugal.

Mas esta é a questão: você não precisa viajar pelo mundo. Porque está nos jornais todos os dias. E está em você e em mim. É o nosso *Zeitgeist*. Cada sinal da mudança de ventos é um pequeno índice do maior acontecimento planetário em milhares de anos, talvez milhões. Aconteceu nas três viagens que este ensaio irá narrar. E se estampa em cada um dos recortes que venho acumulando desde que pensei em escrevê-lo.

Não faz tanto tempo quanto parece. Tenho recolhido matérias de um único jornal, artigos sobre meio ambiente publicados ao longo de meros noventa dias. A narrativa fragmentária de acontecimentos planetários e transformações da nossa paisagem, o único espaço que o homem teria condições de habitar. Até então, eu evitava esse assunto. Sabemos que a coisa vai mal, e num ritmo mais veloz do que se esperava. Mas procurava poupar-me dos detalhes. Ler sobre a destruição dos meios naturais e a extinção das espécies pelos nossos hábitos de consumo me convulsionava o estômago, uma reação visceral e um sentimento de impotência que as piores crises pessoais não conseguiam produzir.

Uma imagem, contudo, entrevista acidentalmente na primeira página do jornal, não saiu da minha cabeça. Se você é brasileira ou brasileiro, talvez se lembre, talvez já tenha visto. É a de um macaco carbonizado pelos incêndios que varreram um quarto do Pantanal em 2020. O carvão congelou a posição acuada do animal, e ali é como se pudéssemos enxergar o momento de sua morte. O pânico de encontrar-se rodeado pelas chamas, a triste solidão da agonia provocada pelo calor absoluto, a incompreensão do que o destino lhe reservou.

A imagem me fez lembrar das vítimas do Vesúvio, que transformou em estátuas as pessoas que habitavam o sopé do vulcão em Pompeia, na atual Itália. A variação repentina de temperatura provocada pela erupção e as lavas incandescentes eliminaram as vidas daquele vilarejo no mesmo instante em que as eternizaram numa espécie de museu de esculturas, fotografias em três dimensões do cotidiano de uma sociedade antiga. De certa maneira, a foto do macaquinho me pareceu tão barbaramente humana que também me remeteu a imagens das guerras do século XX, como a da menina vietnamita de nove anos, descarnada pela bomba Napalm, correndo nua entre lágrimas, numa fotografia icônica do sofrimento que nossa civilização é capaz de provocar. Ou a dos prisioneiros dos campos nazistas, tocados como gado pelas armas nazistas, erguendo os braços finos, já sem forças para reagir.

Essas imagens de queimadas nos chegam como infortúnios distantes e desconectados. Para os encerrados em apartamentos de uma grande cidade, elas se vislumbram como a notícia de uma outra guerra cujos agentes desconhecemos. Não podemos fazer muita coisa. Embora o Pantanal brasileiro sul mato-grossense fique a apenas mil quilômetros de São Paulo, estamos falando de outro continente que nós, os moradores da cidade, jamais conheceremos. Até chegamos a entender que se tratam das consequências dos conflitos por terras. Que os incêndios começaram de fora de áreas preservadas e reservas indígenas. Que existe uma pressão dos grileiros e do braço delinquente da agroindústria por ampliar os seus territórios, provocando situações ilegais e constrangimentos aos que vivem nos territórios protegidos. Sabíamos que o governo de então incentivava as infrações, estimulava o descumprimento das leis de preservação e desidratava os órgãos de fiscalização. Mas o que mais podemos fazer além de saber essas coisas?

Pesquiso "pantanal", "macaco", "fotografia" na internet. Fico sabendo que a foto ganhou um prêmio internacional em 2021, que é de autoria de Lalo de Almeida, que o macaco fotografado era o macaco-bugio, uma espécie barbada de macacos uivadores. Assisto a um vídeo na internet em que escuto o seu uivo gutural. Encontro o perfil de Lalo no Instagram e descubro que a foto foi tirada na fazenda Santa Tereza, na região da Serra do Amolar, no Pantanal do Mato Grosso do

Sul. Lalo registrou outros animais carbonizados — antas, aves, cobras. Animais velozes, que não costumam ser apanhados em incêndios, o que indica a violência e a velocidade com que as chamas se espalharam. Fico sabendo que o fogo continua ardendo, um ano depois. Que o tempo muito seco favorece a ação predatória dos criminosos. Revejo a foto do macaco. Ele se parece mesmo com uma criança. Tem a testa encostada no chão e está de joelhos, como se rezasse. Como se tentasse, em seus últimos instantes, conciliar-se com o seu destino.

Talvez seja isso o que me fez colecionar os recortes, desde junho daquele ano: uma necessidade de entender o que está acontecendo no mundo para além das notícias, de integrá-las numa visão mais ampla. A ficha que caiu foi a de que eu precisava começar a enxergar justamente aquilo que não queria enxergar, resistir ao impulso coletivo de evitar as más notícias e, desta maneira, escapar à redoma dos atos inconscientes, à festa de exploração, produção e consumo desenfreado que se tornou o nosso tempo. Porque talvez este pequeno atributo de nossa espécie — a evitação —, o anseio primário de querer "aproveitar a vida", um mote tão alardeado nas capas das revistas, nas propagandas de refrigerante e nos livros de desenvolvimento pessoal, talvez seja precisamente este o primeiro sinal da ruína de nossa civilização.

2. Recortes

Na mesma época em que comecei a colecionar os recortes, meu irmão me convidou para passar uns dias com sua família em Florianópolis. Não tardei em aceitar. Já tinha alguns anos que meu irmão e a companheira compraram uma casa no Campeche, dentro de um condomínio residencial no lado sul da ilha. Sei que ficariam felizes em me receber, mas, como ambos eram profissionais de saúde, em contato direto com pacientes da rede pública, e com os casos de óbitos pela covid ainda na casa das dezenas, considerei prudente não me hospedar com eles desta vez.

Em vez disso, busquei um apartamento a alguns minutos de carro, um pequeno imóvel para temporadas em que já me hospedara noutra ocasião, com sacada, boa internet e uma vista linda para a praia de Morro das Pedras. Limpo, conveniente e a trinta metros das ondas, o apê parecia ser o que eu estava precisando. A faixa de areia da praia não era muito larga, mas possuía a enorme vantagem de ser pouco frequentada, com exceção de surfistas esporádicos. O condomínio ficava entre o mar e uma rua paralela à costa, ao longo da qual se podia avistar a entrada de duas dezenas de outros condomínios, aparentemente novos, intercalados por terrenos baldios. Como em toda ilha, a ocupação crescia com rapidez. A cada visita minha, brotavam novas pizzarias, *sushi-bares*, padarias e farmácias onde antes havia um mato alto ou um muro antigo. Mesmo assim, o Sul de Floripa ainda era tido como uma porção mais tranquila da ilha, alternativa ao agito dos turistas e baladas do Norte, com suas praias apinhadas e quiosques barulhentos.

Na noite em que comprei a passagem aérea e avisei o meu irmão de que a minha viagem estava confirmada, não podia prever que participaria de alguns dos acontecimentos narrados por aqueles recortes sobre os fenômenos globais. Não sei se por estar mais atento ao tema, as notícias proliferavam, diárias, cumulativas, cada vez mais alarmantes. Três meses, e os recortes já não cabiam na pasta que reservara para eles. Era mais informação do que eu imaginava receber — muito mais do que poderia processar. Dados complexos, pontas de icebergs. Não tardou muito para perceber a impossibilidade de integrá-los em uma grande imagem inteligível.

Se o que estimulou a pesquisa foi a imagem do macaquinho e o incêndio no Pantanal, as primeiras descobertas confirmavam que o incidente era parte de um macrofenômeno em curso. Tudo estava conectado, mas de um modo que eu apenas começava a vislumbrar.

Vamos lá.

Em maio de 2021, chuvas intensas cobriram a cidade de Manaus. A cheia histórica foi a maior desde o início das medições, que começaram 119 anos antes. O rio Negro permaneceu elevado por mais de um mês. Não foi um fenômeno isolado. Seis das dez maiores cheias do rio já registradas aconteceram no século XXI. O acontecimento afetava a vida de toda a cidade, mas atingia em especial os mais pobres. Perturbava o fornecimento de água, luz, abastecimento, e aumentava o risco de doenças como a leptospirose e a hepatite A, além de provocar uma escalada de problemas com animais peçonhentos, cobras e escorpiões e de quase paralisar a vida urbana e econômica da região.

Em junho, ondas de calor extremo atingiram os estados de Oregon e Washington, nos Estados Unidos. Foi quando eu soube que a hipertermia provocava lesões em órgãos internos do corpo, afetavam o coração e os vasos sanguíneos. O resultado mais evidente daquela onda de calor foi a morte de mais de seiscentas pessoas, em sua maioria idosos. No Canadá, no fim do mês, os termômetros da cidade de Lytton mediram 49,6 °C, uma marca que superou em 4,6 graus a maior temperatura registrada até então. Os recordes de temperatura também eram registrados em lugares tão distantes como o Kwait e diversas metrópoles na Índia.

Em julho, novas cheias, agora na Alemanha. Em apenas dois dias, os institutos de pesquisa registraram 125 ocorrências de chuvas pesadas em todo o país. Rios transbordaram nas regiões da Renânia do Norte-Vestfália e Renânia-Palatinado. Mais de cem pessoas morreram, milhares ficaram desabrigadas. A infraestrutura dessas regiões entrou em colapso, e a anomalia climática afetou também a Bélgica, a Holanda e Luxemburgo. Enquanto a chuva desabava na Europa Ocidental, o degelo do *permafrost*, o solo congelado no Ártico, afetava quase a metade dos edifícios erguidos na região do Círculo Polar, e cidades inteiras no norte da Rússia debatiam as consequências de um êxodo massivo. Um sistema de monitoramento de degradação do *permafrost* foi instalado em algumas regiões, e os projetos de mitigação já começavam.

    Tormentas de fogo alcançavam a Califórnia, a Turquia, a Grécia e a Sibéria, ao passo que a China sofria com as enchentes e as inundações. Em Zhengzhou, capital da província de Henan, foi a chuva mais forte em sessenta anos. Em algumas horas, desabou o tanto que costuma chover em um ano inteiro. Linhas de metrô ficaram debaixo d'água e mais de trezentas pessoas morreram. Na Argentina, a falta de neve acumulada na Cordilheira dos Andes por vários anos seguidos tem produzido uma queda no faturamento de hotéis e estações de esqui. Sem neve, não há rios, e as vinícolas argentinas também são afetadas.

Enquanto isso, no Brasil, começamos a enfrentar um duplo fenômeno de seca e frio durante o inverno. A geada queimou as plantações, encareceu os preços dos alimentos e deixou os pobres ainda mais pobres. Na Serra da Mantiqueira, em São Paulo, até mesmo as zonas de replantio foram afetadas. Ao mesmo tempo, grandes rios começavam a secar, prejudicando a pesca, a sobrevivência dos peixes nativos e o transporte fluvial de grãos das zonas de produção para as de consumo e exportação, além de colocar em estado de alerta toda a produção de energia do país. As cargas por barcaça foram paralisadas na hidrovia Tietê-Paraná, que chegara a conduzir quase nove milhões de toneladas em 2017. Furnas, em Minas Gerais, estava em 17% da capacidade ao final de agosto. As cataratas do Iguaçu secaram quase por completo. O sistema Cantareira, que abastece São Paulo, começou a colapsar, numa projeção contínua que começou em 2019, e o Brasil já havia perdido meia Itaipu até 29 de agosto de 2021, o correspondente a 7 gigawatts de energia.

    O país todo está mais seco, dizem os especialistas. Apenas o Pantanal perdeu 74% da água desde 1985. Entre 1991 e 2020, o país perdeu 15,7% da superfície de água, segundo pesquisa do MapBiomas. Parte do mangue virou pasto. Leitos racharam. Uma área do tamanho do Reino Unido está em processo acelerado de desertificação na Caatinga brasileira. O que isso significa? A morte de microrganismos que garantem um ciclo vital de flora e fauna da região. A vegetação tem parado de crescer em áreas do Alagoas, por exemplo, faça sol ou faça chuva. A atividade biológica do solo não responde mais. Estamos falando do semiárido, que ocupa o norte de Minas e boa parte do Nordeste.

Mesmo assim, os desmatamentos e queimadas em todas as regiões do Brasil só aumentaram nos últimos anos, pressionados pela valorização das *commodities*, as importações chinesas dos produtos primários brasileiros, a desregulamentação geral empreendida pelo governo e a especulação imobiliária. Com o aumento da temperatura e o clima seco, as queimadas são mais ferozes e duradouras. Na Caatinga, foram registrados, até o primeiro dia de agosto de 2021, nada menos que 2.130 focos de incêndio, segundo o INPE (Instituto Nacional de Pesquisas Espaciais), um recorde em nove anos. As queimadas na Amazônia tiveram o pior mês de junho desde 2007, e até a Mata Atlântica, o bioma que já é o mais prejudicado do país, registrou incêndios em áreas de proteção. A mineração em áreas protegidas cresceu 300% na última década. Os problemas respiratórios decorrentes das queimadas explodiram nos hospitais do sul do Amazonas e do Acre, agravando as condições dos pacientes com covid-19 na região.

Os três meses de recortes de jornal, entre junho e agosto de 2021, coincidiram com a liberação do mais alarmante relatório feito pela ONU sobre o tema, o IPCC (Painel

Intergovernamental de Mudança do Clima), aprovado no início de agosto pelos 195 países que compõem o painel científico. Segundo as pesquisas, o planeta já está 1,1 °C mais quente desde 1900, e não existem mais dúvidas de que a crise seja causada pela liberação de gases de efeito estufa decorrente da atividade humana. Ao que parece, a era de fenômenos atmosféricos intensos já é uma realidade e devemos nos acostumar a ela. O quadro é irreversível. E pior — não há mais muita margem de manobra para evitar o limite definido pelo Acordo de Paris de 2015 de 1,5 °C.

Fico imaginando: se este é o cenário com um grau, imagine 1,5 grau. É muito. E vamos atingi-lo. O que os políticos e cientistas estão tentando impedir é que passemos do 1,5 grau, uma situação exponencialmente pior do que a nossa, em que o Pantanal, a Amazônia e o semiárido são consumidos sempre mais todos os anos, os rios estão secos, cidades alagam e já não há neve nas cordilheiras.

Da catástrofe recorrente, estamos flertando com o colapso. E não temos muito mais tempo para evitá-lo. No artigo da jornalista Ana Carolina Amaral, encontro um ultimato feito pela vice-presidente de Clima e Economia da ONG World Resources Institute (WRI), Helen Mountford: "Nossa oportunidade de evitar impactos ainda mais catastróficos tem uma data de validade. O relatório sugere que esta década é nossa última chance de adotar as medidas necessárias para limitar o aumento da temperatura para 1,5 °C. Se falharmos coletivamente em reduzir de forma rápida as emissões de gases de efeito estufa até o fim da década, essa meta ficará fora do alcance."

Esta década, que começou com uma pandemia, é uma bomba-relógio.

A utopia não é mais possível. Que venha a distopia.

3. Literaturas do apocalipse

As minhas imagens de fim do mundo são bem mais antigas.

Eu tinha onze anos e estava com meu irmão e minhas primas num apartamento no Guarujá, uma praia popular no litoral paulista. Eram primas do interior de São Paulo, um pouco mais velhas que eu, e, como quase nunca nos encontrávamos, aquela viagem parecia um verdadeiro acontecimento. Havia uma eletricidade no ar, uma espécie de histeria infantil e pré-adolescente. Algo parecia prestes a ocorrer. Por algum motivo, nenhum adulto andava por perto. Eram tempos em que as crianças e os adultos não conviviam e nem dialogavam muito, ao menos nas famílias de classe média e média-baixa, que eram as nossas. Naquelas férias de verão, passávamos os dias jogando video game e ouvindo os *hits* das telenovelas em fitas cassete. Arrastávamos os chinelos no calçadão, tomávamos sorvete, comíamos churros e conversávamos sobre tudo o que crianças devem conversar naquela idade. Tempos selvagens.

    Era 17 de janeiro de 1991. Anoitecera. Por algum acaso, ligamos a televisão no telejornal. Uma imagem noturna preencheu a tela, uma imagem que repetiam sem parar de um céu pixelizado onde pipocavam luzes esverdeadas, saraivadas parecidas com as dos video games que tínhamos acabado de jogar. Havia gravidade na voz do âncora do noticiário que anunciava o começo de uma guerra. Era uma guerra distante, no deserto, em uma cidade cujo nome mais se associava a histórias de gênios da lâmpada e tapetes mágicos. Um conflito que tinha a ver com petróleo, com o presidente dos Estados Unidos e com a premiê britânica, gente muito velha e com cara de poucos amigos, apertando as mãos e posando diante de bandeiras. Embora aquilo não dissesse respeito a nós e ao lugar onde vivíamos, começamos a considerar o que poderia acontecer se a guerra chegasse àquela praia, às nossas férias de verão. E se o mundo acabasse? alguém disse. A ideia, de algum modo, nos deixou animados. Alguém saltou no sofá. Que aventura! Precisamos fazer alguma coisa. Mas o que fazer quando o mundo começa a acabar?

    Nos filmes, as pessoas se põem em movimento. Protagonistas salvam o mundo, enquanto os figurantes correm desesperados ao fundo. Os heróis dos filmes se salvam. Fogem dos meteoros. Viajam no tempo, escondem-se em *bunkers*, tomam o comando dos discos voadores. Quando menino, eu adorava um filme chamado *Os heróis não têm idade* (em inglês, *Cloak & Dagger*), em que um garoto com um *walkie talkie* e uma antena enorme, sozinho em casa, foge de um grupo de espiões que o perseguem porque o cartucho de video game que ele comprara continha códigos militares roubados do serviço secreto dos Estados Unidos por espiões russos (é claro). O menino tem um amigo invisível que veste um sobretudo, uma boina e um bigode, que aparece e desaparece nas horas mais críticas e lhe dá conselhos. Por coincidência, o amigo invisível era muito parecido com um boneco da série dos Comandos em Ação que eu tinha no meu quarto quando criança, e que se chamava Patrulheiro da Selva, um tipo de chapéu, mochila, roupa camuflada, pernas e braços articulados. Na embalagem, vinha escrito que ninguém conhecia a selva melhor do que Leopardo (o codinome do Patrulheiro da Selva). "Ele sabe que cada árvore, cada rio e cada animal é todo-poderoso no inferno verde, e que um passo em falso pode ser fatal para quem não respeita suas leis. Por isso, quando está guardando a selva contra os destruidores Cobras, Leopardo se sente em casa e é invencível. Afinal, cada habitante da selva é um velho conhecido e fiel aliado de Leopardo."

    O Patrulheiro da Selva era o meu *alter ego* quando eu brincava com os meus bonequinhos, mas eu já tinha crescido, estava com as minhas primas mais velhas e não sabia o que fazer. Meus pais se encontravam em outra parte, uma guerra se deflagrara e, sozinhos, tínhamos de bolar um modo de salvar o mundo.

O que não faltavam naquele tempo da infância eram histórias apocalípticas. Uma das obras-primas *cyberpunk* — decadentes e futuristas — se chamava *Akira*, do autor de mangás Katsuhiro Otomo, que foi uma série em quadrinhos e também um longa-metragem de animação, lançado no Brasil naquele mesmo ano em que irrompeu a Guerra do Golfo, e que abriu caminho para a febre de desenhos japoneses no Ocidente.

A história se passava em um remoto 2019, na cidade de Neo-Tokyo, tomada por violentas gangues de motocicletas. A trama era complicadíssima de se acompanhar, sobretudo se você é uma criança de onze anos. Ao que parece, uma guerra nuclear havia dizimado a cidade algumas décadas antes, e ela agora havia se reconstruído numa megalópole decadente e devoradora, com prédios muito altos que se erguiam uns sobre os outros, uma cidade cheia de entulhos, hologramas e anúncios em neon. Na história, o governo andava envolvido em experimentos com crianças que, em razão de alguma modificação genética, possuíam superpoderes telecinéticos e que representavam uma ameaça à segurança nacional. O nome Akira, o título da história, refere-se talvez a uma dessas crianças, a responsável pela explosão atômica que causara a destruição da cidade. Os protagonistas eram Kaneda e Tetsuo, amigos de infância e membros de uma das gangues, a mais descolada e com as motocicletas mais bacanas.

Depois de um acidente com uma gangue rival, Os Palhaços, Tetsuo encontra por acaso um dos meninos com superpoderes que conseguira escapar do complexo militar, um garoto de pele cinza e enrugada e olhos sempre arregalados. A partir desse encontro, Tetsuo começa a sofrer enxaquecas terríveis e a manifestar poderes que logo fogem ao controle. Os militares, com seus cientistas, anteveem o potencial destrutivo de Tetsuo e tomam medidas para contê-lo e evitar que a tragédia atômica que dizimara a cidade uma vez volte a acontecer. A partir deste momento, as cenas de ação se tornam ainda mais exuberantes, a narrativa entra e sai de imagens oníricas bizarras, e as explosões, que já eram as prediletas dos desenhistas de mangás, assumem uma dimensão de alegoria apoteótica. Tudo explode sob uma trilha sonora esquisita e fascinante, com batuques e gritos teatrais, inspirada no gamelão indonésio e no teatro nô japonês.

Quando conheci a cidade de Tóquio no mesmo ano de 2019, achei divertido constatar que quase nada do que encontrei se assemelhava às previsões funestas daquela história da infância. O desastre nuclear de Fukushima não atingira a cidade de Tóquio. No lugar das gangues desordeiras, da sujeira nas ruas, dos carros incendiados, confrontos estudantis, becos escuros e explosões, vi na capital japonesa o espaço urbano mais limpo e seguro em que já estive, repleto de bonequinhos fofos e cortesias, em que crianças iam e voltavam da escola em segurança e era possível reservar uma mesa num café deixando ali a sua carteira ou o seu celular, sem o risco de tê-los surrupiados. Ao mesmo tempo, era curioso como certos aspectos da cultura japonesa pareciam reproduzir aquele futuro dos desenhos animados: as telas multicoloridas, a música eletrônica dissonante, as galerias labirínticas, abarrotadas de estímulos audiovisuais, uma estética noturna, chuvosa, anônima, que parecia prolongar visualmente a solidão dos seus habitantes.

    A estética de *Akira* era parecida em muitos aspectos com a de um outro filme: *Blade Runner*, de Ridley Scott, baseado no romance do escritor de ficção científica Philip K. Dick, um filme que estreou em 1982 e que se passa, curiosamente, em novembro de 2019, o mesmo ano em que *Akira* se situa, e um mês antes de o vírus que provocou a pandemia planetária de SARS--CoV-2 ter escapado de seu ambiente original e se disseminado em Wuhan. *Blade Runner* é ambientado numa versão chuvosa e noturna de Los Angeles. O planeta está contaminado pela poluição, e uma grande parte da civilização passou a viver em colônias extraterrestres. Deckard é um caçador de androides, ou de "replicantes", como são conhecidos. Ao que parece, algumas unidades muito avançadas e perigosas de androides fugiram de uma colônia espacial e foram localizadas no planeta Terra, em busca de seu criador para que ele tentasse prolongar o seu tempo de vida. Os androides do filme são versões futuristas dos *punks* dos anos 1980: peles brancas, sombras nos olhos, cabelos espetados ou muito volumosos, roupas feitas de plástico. O filme é todo rodado na contraluz, gerando o efeito de que as cenas foram lavadas por uma lâmina fina e fosforescente. Carros flutuam na trilha sonora de Vangelis, diluídos no ar tóxico e translúcido.

Naquela década de 1980, falava-se muito do futuro: nas perspectivas de turismo espacial, na fixação por carros voadores e espaçonaves. Nas profecias de Nostradamus, um médico do século XVI que registrara suas previsões enigmáticas em versos herméticos. No programa *Fantástico* aos domingos, os jornalistas encontravam todo o tipo de confirmação naqueles versos, da Guerra Mundial ao assassinato de Kennedy. E se dizia, ainda lembro, que o mundo enfrentaria uma terceira guerra mundial no início do século XXI, ao que seguiria um tempo de paz e prosperidade.

Aos onze anos, eu tinha medo do futuro. O que me alentava era saber que ele demoraria a chegar. Imagine, fazer quarenta anos. Uma eternidade! Eu poderia ficar despreocupado.

Os criadores desses filmes tentaram prever o que aconteceria em trinta ou quarenta anos e inventaram um novo mundo a partir do que tinham, uma distopia soturna e sedutora. Quando criança, eu me perguntava se, quando me tornasse adulto (na minha cabeça, um jovem de dezoito anos era um adulto), integraria uma gangue de motoqueiros delinquentes com motos incríveis e projetos de salvar o mundo. Os filmes traduziam fantasias primordiais de imortalidade e desamparo. O futuro era um lugar sem pais, brutal e perigoso, onde alguém poderia perder-se de si mesmo para sempre.

São futuros de um pretérito. Ou talvez seja um presente que durou quarenta anos.

Foram estes quarenta anos que produziram a distopia em que vivemos hoje. A emissão de gases de efeito estufa pelas atividades humanas nesse período de quarenta anos supera a dos duzentos anos anteriores. Em geral, culpamos a revolução industrial, os ingleses. Dizemos que a coisa vem de longe, mas não é bem o caso. Não estamos pagando a conta dos que nos antecederam. A conta é nossa e parece ter nascido desta ideia de fim do mundo que cultivamos nos sonhos e pesadelos, nos filmes e desenhos animados.

E se fizéssemos um quadro dos próximos quarenta anos? Para errar, sem dúvida, para revelar os equívocos e as fixações do presente histórico, para sanar a angústia do não-saber e acompanhar os próximos anos à luz das profecias fracassadas. No filme de Ridley Scott, os monitores têm resolução sofrível, não existe internet nem celulares. Isso faz toda a diferença e acaba se revelando um erro de cálculo, um erro impossível de não cometer. O mundo está todo contaminado, mas o resultado disso no filme é apenas uma chuvinha ácida sobre as jaquetas dos tiras e dos guarda-chuvas abertos que perambulam nos becos da cidade. Como é de fato um planeta quente? Hoje, já temos uma ideia: uma confusão de elementos, a vingança da natureza, o signo da fúria da Terra, que parece ativar as suas defesas para expulsar um parasita, que se vale da febre e da doença para inibir sua ação destrutiva. O parasita, aos poucos, se vê entre três destinos possíveis: a extinção, a adaptação ou a mutação. Em termos globais, a nossa espécie parece não saber agir de outra forma, leva tempo para adaptar-se. Nesse sentido, somos iguais ao vírus que combatemos na pandemia, mas, diferentemente dele, nossa capacidade de mutação é muito limitada. Neste jogo de forças, o vírus integra a defesa do planeta. Somos nós os invasores: os replicantes, os meninos com poderes telecinéticos que ameaçam o planeta e precisam ser contidos ou eliminados.

Mas isso não funcionaria no nosso filme futurista, transcorrido entre 2050 e 2060. Quem assistiria a uma história em que somos nós os vilões? Como vender um *thriller* de aventura em que o cenário é também a vítima de nossas ações, em que um equívoco dura dezenas de anos e produz efeitos radicais e irreversíveis? Não estamos acostumados a lidar com fenômenos de longa duração. Bastam setenta anos para que nos esqueçamos das tragédias mais brutais provocadas pelo nazismo e o fascismo, para relativizar os esforços de integração internacional, como o do bloco europeu depois da Segunda Guerra. Durante os momentos mais críticos da pandemia, a maioria das pessoas simplesmente não entendia que os mortos do mês seguinte eram consequência do desejo de sair de casa, interromper o isolamento e aproveitar a vida trinta dias antes.

4. As seis extinções

O Aeroporto Internacional de Guarulhos é uma festa. Páscoa. Natal. *Réveillon*. A multidão que eu passara mais de um ano evitando me rodeava e ultrapassava sem pudores o limite de um metro e meio de segurança, aglomerava-se em torno de porções de fritas e canecões de cerveja em franquias importadas a preços inflados, e falava ao celular com as máscaras mais frouxas que *faceshields* de pano, como se anteparos simbólicos servissem de alguma coisa contra ameaças reais e insistentemente subestimadas. Enquanto aguardava no *lobby* do aeroporto pelo anúncio do embarque do meu voo, abri um livro escolhido a dedo dentre muitos outros que abordavam as perspectivas do aquecimento global. Se eu quisesse desenhar uma paisagem de como será a vida em 2060, eu precisaria de mais do que três meses de recortes de jornal. Por sorte ou azar, encontrara um livro chamado *A Terra Inabitável: uma história do futuro*. Seu autor, David Wallace-Wells, reunira recortes durante uma década. Estes o levaram aos livros. Embora o autor se dissesse um sujeito otimista, a obra começava de modo pouco alentador: "É pior, muito pior do que você imagina.".

Viagens de avião me lembram os tempos em que eu fumava e tinha de permanecer na fissura durante horas esperando que o voo terminasse. Quando parei de fumar, não o fiz porque tivesse medo de descobrir um câncer no pulmão aos cinquenta ou sessenta anos de idade. Não foi uma precaução contra um mal futuro, mas um basta diante de um estrago que o fumo provocava todos os dias. A fumaça do cigarro deixava um gosto horrível na boca, confundia meu sentido de fome e saciedade, entupia minhas narinas, me fazia acordar mais desanimado e com o corpo mais pesado todas as manhãs. Fumar era agradável de vez em quando. Na maioria das vezes, tratava-se de um vício inconveniente, que roubava o prazer de outras atividades, todas aquelas que envolviam qualquer tipo de movimento. Diziam que o cigarro acalmava, mas, para mim, a única coisa que ele atenuava era a ansiedade terrível da abstinência.

O que o autor do livro dizia acerca dos efeitos do aquecimento sobre o meio ambiente era mais ou menos parecido com os efeitos do cigarro sobre mim. A ideia de que os nossos hábitos nocivos vão prejudicar o planeta algum dia, no ano improvável de 2100, quando nenhum de nós estivermos aqui para pagar a conta, não passa de um conto de fadas. A coisa já está acontecendo, e está acontecendo muito mais rápido do que prevíamos. Outro conto de fadas: a ciência vai inventar um jeito de nos salvar. Não é isso que está acontecendo. Os cientistas estão fazendo o que é possível. E o que é possível agora tem sido alertar-nos para a necessidade de mudar os padrões energéticos e os nossos hábitos.

Estamos queimando muito, sujando muito, consumindo muito. Se a economia melhora, isso implica mais produção e consumo, o que resulta em mais emissão de gases de efeito estufa. Se entramos em períodos de crise econômica, isso estimula a formação de governos totalitários e negacionistas, e a corrupção endêmica a esses governos acaba beneficiando pequenos grupos, nichos eleitoreiros, que nunca agem em benefício do planeta e da sociedade (em nossa realidade, os barões do agronegócio, as madeireiras e empreiteiras, o garimpo e a grilagem). Nós nos gabamos de termos dominado o mundo por meio da tecnologia e da ciência, de não mais precisarmos nos submeter aos ciclos naturais e às intempéries, e contraditoriamente, diante de um alerta de fim de mundo, nos tornamos impotentes, apáticos, entregando os nossos destinos nas mãos de uma salvação vindoura hipotética e improvável.

A realidade é esta, que os meus recortes não cansam de gritar. O fim do mundo chegou. E não é um lance sutil. Não há dúvidas de que somos nós que causamos o 1,1 °C de aquecimento, e é fato que não vamos conseguir transformar o sistema produtivo antes dos dois graus. Um grau é muito. É o um grau da cheia histórica no rio Negro. É o um grau das labaredas na Grécia, da extinção diária de espécies que nunca chegamos a conhecer. Imagine os dois graus.

Os efeitos das nossas ações de produção e consumo sobre o planeta são cumulativos e se retroalimentam. Daí a aceleração e o caráter imprevisível das mudanças. É um fenômeno em cascata. Com o efeito estufa, o gelo derrete. Está acontecendo: na Rússia, no Canadá, na Patagônia, no Ártico e na Antártida. A luz solar que o gelo costuma refletir é absorvida pelo planeta, o que implica mais calor e um derretimento mais acelerado. Com o derretimento das geleiras e do *permafrost* do planeta, o carbono que este gelo guardou por milhares ou milhões de anos é liberado. Esse gelo contém 1,8 trilhão de toneladas de carbono, mais que o dobro do que já se encontra hoje na atmosfera. Consequência: mais calor.

O aquecimento da atmosfera provoca cheias, um solo mais ácido e mais pobre arrastado pelas chuvas, secas devastadoras, um fenômeno que irá inibir a preservação e o crescimento da cobertura vegetal do planeta. Florestas serão varridas pela ferocidade da água, dos ventos e do fogo. Com isso, a capacidade de absorção de dióxido de carbono do planeta será ainda mais reduzida. Resultado: mais poluição, mais fenômenos extremos.

Com mais incêndios, o vapor d'água na atmosfera irá aumentar, o que é um outro gás de efeito estufa, resultando em temperaturas mais elevadas. Com o planeta mais quente, sem o ar condicionado natural das geleiras, os oceanos e mares esquentarão e irão reter menos calor. A água terá menos oxigênio, e, portanto, os fitoplânctons também minguarão, e que são as criaturas que constituem parte da flora submarítima que exerce a mesma função das plantas terrestres de absorver gás carbônico e produzir oxigênio.

Estou de pé, na fila de embarque. Prossigo na leitura. Vejamos: a sociedade como um todo também estará sujeita à retroalimentação ambiental. Enfrentaremos uma crise de centenas de milhões de refugiados climáticos, o que tornará a crise síria de um milhão de pessoas chegando na Europa uma mera epígrafe. A escassez de alimentos será constante. A crise hídrica será constante. A dengue chegará a países nórdicos. O calor irá mudar a nossa flora intestinal, afetará os nossos órgãos internos. Além dos gases liberados com o derretimento do *permafrost*, outras criaturas, vírus, doenças parasitárias serão liberados pela primeira vez em milhões de anos na atmosfera. A economia mundial, que crescia a uma ordem de 3% ao ano, passará a andar para trás. Os estados estarão sujeitos a forças locais, a confrontos de ordem regional pela disputa de recursos escassos.

As cidades estarão entre as zonas mais afetadas. As enchentes serão muito mais severas e frequentes, e os centros urbanos assistirão ao aumento do fenômeno das ilhas de calor como nunca julgamos possível. Em geral, por conta do acúmulo de gente e de automóveis, da emissão de gases, superfície de concreto e ausência de árvores, as cidades costumam ser mais quentes que nas áreas rurais circundantes. A previsão para os próximos anos é de que as ilhas de calor nas cidades aumentem em média 6,4 °C. Uma pesquisa do Instituto Federal de Tecnologia de Zurique, para tornar a realidade futura mais evidente, construiu uma estimativa para o ano de 2050, e chegou à hipótese de que, a partir dos dados que temos à disposição, as cidades tendem a adquirir o clima de outra, mil quilômetros mais próxima da linha do Equador. Londres terá o clima de Barcelona; Los Angeles, de Gaza; Paris, de Istambul; Madri, de Marrakech. Oitenta por cento das maiores 520 cidades do mundo sofrerão alterações, e uma parte significativa terá um clima que nunca foi vivido pela espécie humana. Um estudo prevê que, em 2070, regiões muito abrangentes do planeta se tornarão inabitáveis, o que hoje se restringe a territórios específicos do Saara. O Norte e o Nordeste brasileiros serão das regiões mais afetadas, uma massa imensa de território que englobará Venezuela, Colômbia, atingindo o Ceará, no Sul até o Mato Grosso e, a Oeste, parte do Peru, estendendo-se por países das regiões tropicais, como o Sudeste Asiático, Índia, Arábia Saudita, o sul da China e o norte da Austrália.

 Fecho o livro um instante. A fila de embarque começa a mover-se. Já passamos a linha histórica da reversibilidade. O mal que fizemos já não pode ser reparado em nossa geração. O que podemos fazer é substituir uma tecnologia falha por outra que poupe as vidas dos nossos filhos e netos. A tecnologia de reparação ainda está sendo desenvolvida, leva tempo, investimento. Às vezes, não funciona, sai pior que a encomenda. Exige vontade política. E boa vontade política, hoje sabemos, só se dá quando não há alternativa. Em muitos lugares, dificilmente pode ser chamada de boa vontade, mas contenção de danos, tentativa de mitigar os prejuízos dos *big players* do mercado. A boa vontade, convenhamos, não nasce de cúpulas do clima, metas para daqui a vinte anos, manifestações de rua. Ela só irá nascer quando aqueles que lucram muito com o consumo da natureza passarem a ter prejuízo, o que talvez já esteja começando a acontecer.

A Terra já viveu cinco extinções em massa, as que puseram fim aos períodos Ordoviciano, Devoniano, Permiano, Triássico e Cretáceo, e que funcionaram como recomeços evolucionários. A cada centena de milhões de anos, mais ou menos 80% das espécies planetárias desapareceram, e isso aconteceu cinco vezes na história do planeta. A vida se expandiu e encolheu nestes períodos, e todas essas extinções envolveram alterações climáticas provocadas pelos gases de efeito estufa. A extinção do período Permiano começou quando a Terra esquentou 5 °C, liberando o metano e acelerando o processo. Se essas taxas de extinção nos parecem altíssimas, escandalosas, nossa reação curiosamente se atenua quando sabemos que o aquecimento que estamos provocando resultará, segundo as estimativas mais subestimadas, na extinção de 33% de toda a flora e a fauna do planeta até 2070. Considerando que as erupções vulcânicas, atividades microbianas e o metano ártico levaram milhões de anos, devemos admitir que cinquenta anos é uma fração de tempo. Pelo menos nisso temos sido eficazes.

Talvez seja razoável dizer que o que chamamos de natureza não tem mais nada de intocado. Alteramos o planeta inteiro com as nossas criações e discrepâncias. Transformamos a vida das plantas de montanhas que nunca escalamos, das profundezas inacessíveis dos oceanos, porque nossos padrões de consumo provocaram anomalias em todo o equilíbrio global. O estrago nos antecedeu em todas as partes, e a fúria ambiental está longe de ser um novo equilíbrio. Um novo equilíbrio não seria encontrado no tempo de uma vida humana; despertamos fenômenos muito mais grandiosos, uma engenharia de dependências muito mais sofisticada. Embaralhamos as cartas do nosso destino, e, com isso, o de todas as criaturas vivas do planeta. O tempo cíclico da natureza encontrou o tempo vertical da civilização, a linha do tempo da história humana. O urso-polar não nasceu para este mundo, embora ainda continue nascendo nele. Tampouco as aves migratórias, que, quando chegam a seu destino, já não encontram o que procuravam e do que necessitam, abalando um ciclo que as constituía como espécies. Estamos provocando uma confusão em toda a flora, em toda a fauna, porque o relógio biológico das criaturas saiu de sincronia, e era imperativo que estivessem sincronizados, porque sempre estiveram, porque isso garantia a coexistência dessas criaturas.

A extinção, penso, talvez chegue antes do desaparecimento concreto dos últimos integrantes de uma espécie. Quando o mundo que os constituía já não existe, o urso, o lobo, a ave migratória, a floresta, de alguma maneira se tornam emanações fantasmáticas, frágeis, doentes, do que já foram.

5. Um projeto de futuro

De acordo com o aplicativo meteorológico do celular, a previsão era de pancadas de chuva para todos os dias da minha estadia em Florianópolis. Que ótimo. Eu esperava uma vista azul, caminhadas na praia, a possibilidade de sentir a maresia, de dar-me ao luxo de cochilar na areia, e acabava de saber, ao sair do avião, que a paisagem poderia ser a melancólica vista de um mar com a linha do horizonte turvada pelo mau tempo. Bem, pensei, nunca se sabe. A previsão se equivoca. Já aconteceu de anunciarem chuva na ilha catarinense e, chegando lá, encontrar um clima nublado, quente e muito agradável. Também aconteceu o contrário. Numa outra visita que fiz, mal pude pisar na rua. O dilúvio durou cinco dias. A ver o que me esperava.

Deixei uma mensagem para o meu irmão, avisando que tinha chegado, que a viagem fora tranquila. Nesse horário, ele ainda devia estar trabalhando no posto de saúde que ficava no mesmo bairro em que eu me hospedaria, o

Morro das Pedras. Rodrigo era médico de família do serviço público. Minha sobrinha não voltaria da creche tão cedo. Minha cunhada trabalhava na ala infantil de um hospital e chegaria à noite, porque passara a aceitar plantões de doze horas aos fins de semana. Tinham comentado qualquer coisa sobre estarem poupando para comprar um carro, reformar o quintal.

    Apanhei a mala na esteira. Saindo do aeroporto, comprei um café para viagem e fui aguardar a *van* da locadora de automóveis do lado de fora. Podia sentir o ar mais denso e úmido, uma diferença atmosférica que sempre se sente ao descer para a praia, no contraste com o ar mais seco de São Paulo. A *van* levou uns cinco minutos para chegar, o tempo de terminar o meu café. O automóvel que alugara era dos modelos mais básicos oferecidos pela locadora. Não sei nada sobre automóveis, não reconheci a marca. Digitei o endereço do condomínio no aplicativo. Chegaria em quinze minutos.

    Eu já conhecia o caminho. Gostava da ilha, mas não me imaginava vivendo ali. Talvez porque o transporte público fosse tão intermitente e vagaroso, e as vias de acesso ao norte e ao sul, estreitas como eram, não comportassem o crescimento demográfico das últimas décadas. Gente demais decidira se mudar para o paraíso catarinense e agora precisariam passar horas dentro de um automóvel toda semana se quisessem circular um pouco. Viver na praia, numa ilha, para mim, combinava com algum despojamento, e depender tanto de automóveis me parecia um contrassenso. Nunca pensara em ter um carro, e talvez por isso eu mitigasse um tanto a minha participação no apocalipse global, "boas ações" involuntárias que provavelmente eram compensadas pelo tanto que eu gastara naquela viagem aérea.

Cadastrei a minha digital na entrada do condomínio, parei o carro na vaga que me foi designada. Pronto, cheguei. Podia começar a relaxar. O condomínio consistia em dois blocos residenciais, rodeados de vagas de estacionamento. Entre os blocos, uma piscina quase sempre deserta, e, adiante, uma cerca metálica com um acesso à praia restrito aos residentes. Depois do cercadinho, pelo que me lembrava, você pegava uma trilha na mata ciliar, uma extensão de uns dez metros, até chegar ao declive da praia, que costumava ser estreita, não mais de sete metros de extensão, talvez até menos.

No voo de pouco mais de uma hora, eu continuara avançando na leitura do livro, refletindo sobre os seus desdobramentos, e, quando entrei no elevador, a latência silenciosa daquele debate interno ainda perdurava. Por isso que, quando li a notificação impressa numa folha na parede do elevador, a sensação foi de que a leitura se prolongava fora do livro.

"Condomínio Porto das Marés Flat Residence

Edital de Convocação

Assembleia Geral Extraordinária

Convocação em regime de urgência — 17 de junho de 2021

Através do presente Edital de Convocações, ficam os Srs. Condôminos do CONDOMÍNIO PORTO DAS MARÉS FLAT RESIDENCE, localizado à Rua Manoel Pedro Vieira, 410 — Florianópolis/SC, convocados para a Assembleia Geral Extraordinária do Condomínio EM REGIME DE URGÊNCIA, a ser realizada por videoconferência, dia 17 de junho de 2021, quinta-feira, às 18:30 horas, com segunda chamada às 19 horas, para deliberar acerca dos seguintes assuntos, constantes da ordem do dia:

1. Deliberação e aprovação de obra de contenção da duna em frente ao condomínio/praia com chamada de capital.

IMPORTANTE: as decisões das assembleias obrigam a todos os condôminos. Sua participação é importante.

ATENÇÃO: em razão da pandemia de covid-19 e das orientações das autoridades acerca da importância de distanciamento social, a assembleia será realizada pelo sistema Google Meet."

Obra de contenção da duna?

Saí do elevador e entrei no apartamento. Era o mesmo que eu alugara da última vez.

Abri a porta deslizante para a sacada, que tinha vista para um descampado vizinho e um ângulo diagonal da praia. Em dezembro, o terreno vizinho estava vazio. Agora, um bloco residencial era construído uns trinta metros adiante. Mais perto da minha sacada, um banco enorme de areia chegava à altura do primeiro andar. Ao redor, uma retroescavadeira, um barracão improvisado de construção. O celular conectou-se automaticamente à rede Wi-Fi do apartamento. Procurei: Morro das Pedras. O primeiro resultado era um artigo daquele dia, publicado no jornal Hora de Santa Catarina:

"Fim de semana aterrorizante e de tensão", prevê moradora do Morro das Pedras sobre chuva em Florianópolis. Previsão é de ondas de até 3 metros, chuvas volumosas e rajadas de vento de até 70 km/h no litoral de Santa Catarina.

Li a matéria, e outras mais que saíram em diversos veículos da imprensa. Ao que parecia, a maré estava comendo a praia e ameaçando as casas e construções da orla. Os manezinhos, como são chamados os naturais de Florianópolis, estavam habituados a cheias de sete em sete anos, mais ou menos cíclicas e regulares, mas agora as marés-cheias tendiam a ser mensais. Os moradores da região tinham bloqueado uma rodovia alguns dias antes para se manifestar e demandar alguma ajuda do governo, mas muitas das ocupações tinham sido feitas de modo irregular ao longo dos anos, gambiarras jurídicas que culminaram em um bairro inteiro de mata nativa convertida em casas e condomínios. Ao menos por enquanto, os moradores do bairro estavam por conta própria. Compraram toneladas de areia e passavam o dia enchendo sacas para formar uma barricada e tentar proteger as construções dos avanços das ondas. Era um trabalho de Sísifo: quando a maré subia, as sacas murchavam e eles tinham de erguer novas muradas e comprar mais areia. O fenômeno da maré tinha a ver com a temporada de ciclones na região, a influência das massas de ar e das fases lunares. Mesmo assim, eles nunca tinham visto o mar avançar tanto como naquele ano. Em alguns terrenos, as ondas haviam derrubado paredões de pedra e comido cerca de dez metros de terreno privado. "Tá bem perigoso aqui. Na madrugada, quando a maré sobe, é um barulho que não tem como dormir", dizia um entrevistado. A vizinhança fazia vigílias desde maio e organizava mutirões para encher os sacos.

  Saí do apartamento. No condomínio deserto, fui até a porta privativa que conduzia à praia por dentro do condomínio. Um aviso interditava a passagem. Saí do condomínio pela estrada, para contornar a murada e acessar a praia por alguma das entradas públicas, e não tardei em achar uma. Quando cheguei na areia, o cenário era desolador. Ao invés do leito mais ou menos inclinado, as ondas tinham sulcado um barranco alto. Parte da mata que havia antes tinha sido levada pelas águas. As que restavam tinham folhas enegrecidas. Algumas plantas, mais altas que arbustos, tombaram com a fragilidade do solo. Placas grandes, amarelas, alertavam: "Atenção: área de risco. Evite circular no entorno."

Mantendo uma distância segura, espichei o pescoço para tentar avistar o que sobrara da mata ciliar que separava o condomínio do avanço das ondas. Ainda havia uma margem, e imaginei que não corria perigo. Mas a ideia de ciclones, ventos de 70km/h, vigílias noturnas, nada daquilo transmitia muita confiança.

A paisagem estava mudando. E as casas não pareciam suficientes para nos abrigar da transformação. Podia ser algo sutil, como o vinho mais alcoólico e o café mais amargo, como a dos moradores de Morro das Pedras. Ou avassaladoras, como a dos manauaras, alemães, gregos e chineses nas cidades submersas.

6. A ilha dentro da ilha

Achamos um bom restaurante no bairro de Ribeirão da Ilha, antigo vilarejo de famílias açorianas. Casinhas coloridas, uma via de paralelepípedos, venezianas brancas e a pracinha da igreja, muita coisa se conservava destes diferentes estratos do passado. Vários dos atuais bairros de Florianópolis foram vilarejos, como o de Santo Antônio de Lisboa, na extremidade norte da ilha, onde ficava um restaurante em que serviam a melhor açorda de camarão que eu já tinha provado, e também a melhor pera bêbada, cozida ao vinho do Porto. Cogitamos almoçar em Santo Antônio, mas o bairro ficava longe. Minha cunhada fazia o seu plantão de sábado, e, com a chuva que caía com regularidade e a minha sobrinha no banco de trás, o mais prudente seria escolher um destino mais próximo.

O restaurante de frutos do mar estava quase deserto. Os garçons papeavam na cozinha, o que nos regalava uma privacidade curiosa para um salão tão amplo. A vista da mesa era a do mar entre a ilha e o continente, plácido, sem ondas. Fazia um pouco de frio, e Celina, minha sobrinha, vestia um moletom cor-de-rosa com a estampa de um unicórnio retirado de algum de seus desenhos animados preferidos. Pouco depois de sentarmos apareceu a Thaís, uma das amigas mais simpáticas do meu irmão. Fiquei contente em vê-la. Pedimos algo para beber, o Rodrigo se adiantou em pedir o prato de Celina, que já estava com fome, uma versão *kids* do cardápio e que, nunca entendi o porquê, sempre leva batatas fritas. Conversamos um pouco, trocamos amenidades. Thaís deu prosseguimento a um papo anterior que tinha tido com o Rodrigo em alguma outra ocasião. Eu brincava com a Celina.

Sempre desfrutei destes momentos em que permaneço um pouco à margem da conversa, escutando e pensando sobre o que dizem sem a necessidade de fazer comentários. A Thaís era geógrafa, tinha uma rotina de trabalho tão agitada quanto a do Rodrigo, além de uma vida social intensa. Falou do menino com quem andava saindo. Das aulas de gafieira duas vezes por semana e do grupo de remo na lagoa da Conceição. Era difícil acordar cedo num sábado, ela dizia. A aula começava às seis. Mas quando chegava lá, o ânimo da turma e a atividade física logo a despertavam.

Como é de praxe nas relações fraternas, não perdi a oportunidade de provocar o meu irmão. "Por que você não participa de um lance desses?" Meu irmão não fazia exercícios desde que estropiara os joelhos. A Thaís entrou na brincadeira. "Vamos lá, Rô! Você vai gostar!" Mas ele desconversava. Com uma filha, a realidade é outra, foi a resposta de sempre. Mexemos com ele mais um pouco. Podia ver que a ideia o estimulava. Deixava-o confuso. E ele procurava livrar-se da confusão com a alegação irrefutável de que, sendo pai, certas coisas já não eram possíveis. Ainda mais agora, com a esposa nos plantões de fim de semana. Ela queria um carro maior. Pensei comigo que meu irmão preferia a gafieira ao automóvel novo. Seu Ford amarelo, velho e desconjuntado, estava aí para provar.

Meu irmão sempre quis viver em Floripa. Ele gostava de surfar, de frequentar os bares com música ao vivo e de percorrer trilhas, mas a vida que levava era muito diferente da que almejara no início. Nos primeiros anos, por conta da proximidade com o trabalho, alugaram um apartamento em um condomínio próximo ao centro, longe da praia. Quando a Celina nasceu, deram entrada em uma casa num bairro residencial em construção. As trilhas, a praia, a música ao vivo, essa vida mais aventureira, mais em contato com a natureza exuberante da ilha, dobrou-se à demanda familiar. Meu irmão era um ótimo pai, apaixonado pela filha. Mas parecia ter construído uma ilha dentro de uma ilha. Uma vez, me confessou que passava meses sem ir à praia. Não se movimentava, jantava um hambúrguer todas as noites. Tinham uma pastora-alemã, uma cadela grande, brincalhona, que parecia de algum modo o epítome da vida que criaram para si. Vitória vivia nos fundos da casa, que deixavam sempre fechada para que ela não entrasse. O animal tinha pouco contato com os moradores. Quando uma vez lhe deram a chance de entrar, a cachorra grande, desacostumada ao espaço, ansiosa pela liberdade recém-adquirida, derrubara Celina com a cauda num acidente bobo. Enviaram-na de volta para os fundos.

Este estilo de vida alienado, remoto, onde a paisagem é mais uma espécie de *playground* nos tempos de descanso do que um lugar para conhecer, desfrutar, ao qual deixar-se integrar, eu o tinha visto em muitas outras famílias, em muitos outros lugares. Eram escolhas de vida que não se pareciam em nada com escolhas, saídas supostamente fáceis, produtos do nosso tempo, idiossincrasias de uma cultura que coloniza a si mesma. Os sonhos da casa própria, do carro próprio, aliados a um sistema de comodidades, de entregas em domicílio, reunidos a uma necessidade meio obsessiva por segurança, à família reclusa em sua casca de noz, que só tem a si mesma perante um mundo ameaçador, esse modo de viver havia criado seres despreparados para a desenvoltura social, para uma fruição do meio. Eu tinha propriedade para falar. Assim como muita gente, eu também não sabia muito o que fazer com o meu tempo livre depois das minhas oito horas de trabalho. Ou talvez eu soubesse, mas tenha optado por soluções parciais, que não satisfaziam a minha necessidade de integração com a cidade e com a fome de convívio extrafamiliar.

Antes da viagem, eu tinha terminado a leitura de um livro do filósofo Bertrand Russell sobre a procura da felicidade, escrito em 1930, pouco depois do fim da Primeira Guerra. Na abertura do ensaio, o autor se questionava se as guerras não derivavam da miséria existencial dentro da qual até mesmo os poderosos se viam aprisionados. As guerras são travadas por líderes infelizes, e se pudéssemos tornar as pessoas mais felizes, talvez buscássemos a conciliação com mais frequência, o bom convívio, e não a expansão e o conflito. A minha dúvida era se o mesmo não poderia ser aplicado à dilapidação do meio ambiente pela sociedade, em um ciclo nefasto no qual o isolamento, — que naturaliza o desmatamento e convive com a extinção das espécies — e a ocupação bárbara de território verde não tornariam as pessoas mais infelizes. E se, inversamente, o apocalipse lento, gradual e seguro em que vivíamos não seria produto de um projeto de civilização insustentável, falho, limitado. Um projeto no qual a cidade e a natureza não coabitavam, o trabalho e o prazer não conviviam e em que o ócio se resumia ao não tão livre exercício do papel de consumidor. Nossas férias, nossos fins de semana pareciam o sonho cansado de reis e rainhas. Os serviços de *delivery*, nos quais um pedido pode ser atendido em poucos minutos, lembravam a satisfação deste triste desejo de infância, a saciedade de um narcisismo primário no qual bastava abrir o berreiro para se ter atenção, comida e carinho à disposição.

Na mesma época em que Russell escrevera sobre a busca da felicidade, a guerra também motivara Sigmund Freud, o fundador da psicanálise, a reformular a sua teoria e a buscar compreender o mal-estar em que a civilização parecia enredada. Além de uma pulsão pela vida, a busca pelo prazer e criação, a psicanálise começava a investigar um impulso também arcaico, só que destrutivo. Freud parecia menos otimista que Russell, segundo o qual talvez bastasse orientar as pessoas no caminho da felicidade para que elas moldassem suas vidas em sua direção. A partir dos fenômenos sociais que testemunhara e dos pacientes do consultório, o pai da psicanálise parecia voltado para uma outra hipótese. As pessoas de algum modo resistem à felicidade, apegam-se a coisas que as tornam miseráveis. E talvez isso esteja na raiz dos projetos belicosos que perpetuam a miséria e a violência.

No início de sua teorização, Freud postulara que as pessoas eram regidas predominantemente pelo princípio do prazer, que consistia em buscar a eliminação de uma tensão, como a fome e o desejo sexual. Somos animais, afinal, devemos buscar em nós os mesmos instintos arcaicos que identificamos neles. Mas quando um sujeito se deita no divã e relata que todas as noites ele sonha com as torturas vividas no cárcere durante a ditadura militar, o princípio do prazer não parece exercer influência. Onde estaria a saciedade, afinal? Além disso, Freud notava que, desde a infância, persistia uma tendência humana para a agressividade, a necessidade de impingir dor aos outros e a si mesmo. Que força era essa, ele se perguntava, que contrariava os impulsos biológicos primordiais, que constrangia um sujeito ao ponto do colapso físico e mental? O que levara a humanidade para a guerra? Como o homem foi capaz de engendrar uma situação absurda como um conflito armado do qual nenhuma das partes jamais sairia vencedora?

Será mesmo possível que além de uma pulsão da vida, que visa à conservação e à união erótica, haveria uma outra que, mais antiga, almejaria a consumação da vida na morte, o desligamento e a aniquilação, um retorno ao inanimado, uma devolução do orgânico ao inorgânico?

De que outra forma explicar que toquemos fogo na casa em que vivemos, que sobre os rios onde pescamos o peixe que comemos atiremos óleo, plástico, mercúrio? Não estamos dirigindo à porção mais fraca de uma relação, à porção silenciosa e indefesa, a agressividade potencial que possuímos desde a infância? Não estamos sujeitando, oprimindo, coagindo toda a vida terrestre, como uma espécie de vingança suicida?

Alguém poderá contestar, afirmando que um sujeito distraído não costuma fazer a ligação cognitiva entre os próprios atos e suas consequências. Que crescemos pensando que a natureza sempre esteve aí e sempre estará aí, como a encontramos, porque era assim que nossos pais o faziam, e os pais de nossos pais. Mas talvez haja algo mais, uma recusa em vernos como parte de uma entidade global da qual dependemos. Como explicar esta cisão, a alienação do sujeito para com o seu ambiente?

    Conheço gente que sabe de cor a escalação de quase todos os maiores times de futebol do país ou recobra os nomes de todos os super-heróis dos quadrinhos e dos filmes. Mas acho que nunca conversei com alguém que, passeando pelo bairro, pudesse nomear uma a uma as árvores e as plantas das ruas com as quais cruzamos. E, no entanto, as árvores estão ali, todos os dias. Vejo os comércios que abriram no bairro. Admiro os edifícios. Olho as pessoas na sua diversidade, na sua pressa ou placidez, os automóveis, as motocicletas. Em geral, contudo, não dirijo a mesma atenção a árvores e plantas. Me parecem todas iguais. São relegadas ao ponto cego do meu campo visual e da minha ignorância, uma cegueira coerente com a divisão entre cidade e campo que instituímos há tempos, e de onde se originam alguns dos maiores males da vida urbana — a impermeabilidade do solo que produz as enchentes, a poluição sonora, auditiva, visual, as doenças respiratórias, as ilhas de calor de que falamos há pouco. A natureza é um incômodo ou uma *commodity*, ou, quando domesticada, é um objeto de contemplação, a ser admirado de longe, como se fosse o mundo das ideias platônicas.

Fico pensando se essa força destrutiva também não se encontra na raiz da compulsão a fazer tudo o que se pode fazer pelo simples fato de que é possível, numa espécie de esbanjamento indiscriminado. Se depois de dominarmos a natureza, não haveria, como continuidade desse impulso, uma tendência a seguir vingando-se dela, descontando nela a nossa frustração em relação ao fato de que também nós respiramos este ar, bebemos desta água, precisamos desta terra e deste clima para comer, de que também nós iremos morrer um dia, de que nada nunca será o bastante para a nossa fome. De que somos, enfim, natureza.

Seríamos seduzidos para a morte? Será que existe em nós alguma espécie de vocação para o colapso, para o deserto? Seria o fim dos tempos o nosso projeto íntimo, um segredo que guardamos até de nós mesmos?

7. Canas sem alma

O camarão na moranga estava delicioso. Camarões gordos, abundantes, num molho de catupiry e abóbora. A caipirinha combinava muito com a vista do mar e deixou-nos todos letárgicos e disponíveis. Depois do almoço, resolvemos tomar um cafezinho na casa do Rodrigo. Thaís aceitou o convite de prolongar a conversa e o passeio.

— E quem iria imaginar que a coisa toda começou no Brasil? — ela falou. Eu tinha mencionado o ensaio sobre a dieta da suficiência que acabara de escrever e o caso dos *izakayas* no Japão, do qual falarei mais à frente. Comentara também do estudo que fazia sobre a emergência climática, os recortes de jornal e o quanto a sua leitura me deixava exasperado. A conversa passou então para a praia de Morro das Pedras, para a nossa relação com a natureza. Contrapomos a biodiversidade de uma ilha com a monotonia dos projetos dos latifundiários. E a Thaís me dizia que a coisa toda tinha começado no Brasil, um projeto que contrariava a tendência de biodiversidade.

— No fim do século XV, o açúcar era um dos produtos mais valiosos do mercado europeu — continuou. — Só que a cana-de-açúcar não crescia bem no frio. Daí pensaram nas colônias. No Caribe, tentaram usar a técnica dos nativos, mas o rendimento era baixo. O que funcionou mesmo foi o que fizeram aqui no Brasil. A tecnologia do engenho, sim, foi um sucesso. E um modelo para tudo o que veio depois.

— Como assim um modelo? — perguntei.

— Você já ouviu falar em escalabilidade?

— Já, mas no contexto industrial e do empreendedorismo digital. É um anglicismo feio, derivado de *scale*. Uma tradução melhor talvez fosse "exponencialidade".

— Então. O modelo da escalabilidade foi o engenho. A ideia viral de que, se você pode plantar cem, por que não plantar mil? E se consegue produzir mil, o que o impede, além do seu *mindset* limitado, de fazer cem mil? É um lugar comum, hoje, está em toda parte: nas artes, no entretenimento, na educação. Mas começou na cana-de-açúcar. Sabe como faziam? A cana era um grupo de clones multiplicados de forma vegetativa. Uma espécie extraterrestre no contexto americano. Na Nova Guiné, de onde a planta provém, a cana tinha evoluído em um ambiente de coexistência em que se desenvolveram relações de colaboração, parasitismo e comensalismo. Na América, porém, a cana não tinha parasitas ou predadores naturais. Era uma espécie anômala. Daí o sucesso da escalabilidade da cana, que alterou a paisagem brasileira.

 Thaís bebericou da xícara de café que eu tinha acabado de preparar. O Rodrigo não sabia onde ficava o pó de café, e custei um pouco a encontrar o filtro, o suporte do filtro, o leite. Servi-me e sentei-me à mesa ao lado dela, para continuar a ouvir. Celina dormia no sofá da sala e, lá fora, a chuva continuava, agora mais forte.

 — Ervas daninhas numa produção não passam de forças de uma biodiversidade difícil de controlar. O que os pesticidas tentam destruir é a relação entre as espécies. Mas a escalabilidade dos capitalistas, do empreendimento rentável, precisa de clones, elementos sempre idênticos para que possam ser processados pelas mesmas máquinas, manejados pelos mesmos instrumentos. Não existe o "caso a caso". Um experimento de escalabilidade em um lugar precisa servir em outro, e em outro. E, neste sentido, implantar um clone extraterrestre sem relação com outras plantas caiu como uma luva.

 O Rodrigo, que tinha acabado de ver se a filha estava bem, retornou à cozinha. Acompanhando a conversa, interveio:

 — É a mesma lógica do trabalho escravo, não é? Trouxeram escravizados de fora. Também eram extraterrestres. Isso era conveniente para os colonizadores. Sem relações sociais locais, isolados num território desconhecido, tinham mais dificuldade de resistir ao jugo, de quebrar o sistema do engenho. Pelo menos, no início.

— Perfeito, Rodrigo — continuou a Thaís. — O processo todo exigia esse tipo de alienação. O trabalhador, a cana, eram unidades autônomas, intercambiáveis, condenados a operações monótonas. Toda mistura é inimiga deste sistema. Hibridismos e todo tipo de relação humana ou vegetal vão criando matizes e variedades que nossas ideias de progresso entendem como ruído, como um *bug* no sistema.

— É o conflito de nossa geração, não é? — afirmou Rodrigo. — Uma zoonose, como o vírus da pandemia, foi resultado de uma interação imprevista entre espécies.

— Somos herdeiros da eficiência viral — Thaís concordou. — Outro exemplo, dos mais desoladores, é o da pesca, como os camarões que comemos no almoço. Já não é mais o pescador que pesca o peixe que compramos no supermercado, essa é uma imagem quase romântica, ultrapassada. A pesca industrial é um empreendimento de navios de guerra com redes que se estendem por uma centena de metros e vão arrastando tudo o que encontram no caminho. Das redes, os peixes já passam para esteiras. Imagine tudo o que é animal não comestível que a rede pega, e que morre à toa, sendo despejado de volta aos mares como lixo. A expansão cria um volume de desperdício e devastação. O pequeno pescador nunca foi o problema, porque o seu trabalho não era um trabalho escalável. Os comerciantes antigos ofereciam seus produtos em mercados, a compra e a venda eram parte de um relacionamento complexo e, para os padrões de hoje, lento, entre compradores e comerciantes. Essa lentidão era fundamental, porque permitia a regeneração. No contexto em que vivemos, o que escapa à homogeneidade do produto, da cana de ontem ao peixe de hoje, é descartado. É ruína. O que esse sistema tem produzido são bens de consumo e ruínas como derivados. A ruína é um subproduto da nossa ideia de progresso. E pode-se dizer que já estamos vivendo nesses escombros.

Não parava de chover. Depois de brincar um pouco com a Celina, que tinha acabado de acordar do cochilo, a Thaís se despediu. Continuei por lá, curtindo a preguiça da tarde chuvosa de sábado. Queria aproveitar o tempo que restava com a minha sobrinha e meu irmão. Vimos uma sequência incansável de episódios de um mesmo desenho animado. "Ela anda na fase Barbie", o Rodrigo confirmou. Os adolescentes do desenho animado circulavam com desenvoltura. Moravam em casas grandes, entretidos com questões pequenas: o bolo perfeito de aniversário da amiga, que havia estragado e precisava ser refeito; o desafio de vencer o campeonato de projetos científicos da escola. O humor era ruim e mal traduzido, mas a Celina não parecia se importar com isso, e para mim bastava estar com ela.

A repetição e a digestão deixaram-nos sonolentos. Minha sobrinha voltou a adormecer e apanhei o celular esquecido na bolsa. Abri o aplicativo de mapas. Na região onde estávamos, surgiu um ícone vermelho que eu nunca tinha visto, e que dizia: Alerta Vermelho, Acumulado de Chuva, Santa Catarina. Ligamos no noticiário, e o âncora comentava as imagens de diversos pontos de alagamento na ilha. Comecei a me preocupar. Talvez eu devesse voltar para o meu apartamento? perguntei ao Rodrigo. Ele não deu muita bola. Já começava a pensar no lanche da tarde, uma cerveja, alguma sobremesa. Eu tinha comido bem, mas, por inércia, por não saber se o melhor seria permanecer ali com eles ou no apartamento que havia alugado, fui ficando, na sequência de episódios hipercoloridos da Barbie. Ergui-me um pouco do sofá e avistei a cachorra deitada sob a cobertura da casa, colada à porta de vidro de correr da cozinha. Meu irmão pediu uma porção de *cookies* por aplicativo. Em trinta minutos a campainha tocou, e ele abriu a porta para receber o motoqueiro. De relance, pude ver o semblante escondido pelo capacete e a blusa encharcada. Atrás dele o carro que eu tinha alugado, estacionado defronte. Lembrei das fotografias do rio Negro. Observadas de fora, as situações sempre parecem mais simples e mais fáceis de resolver. Por que a população mais vulnerável nas cheias de Manaus não se mudou para regiões mais secas? Por que não saem do bairro onde vivem por um tempo? Eu não tinha muita coisa lá no condomínio do Morro das Pedras, mas, mesmo assim, a vontade era voltar para a minha mala, a minha cama provisória. Segui procurando as últimas notícias no Google. Não havia novidades, eu tinha lido tudo.

À noite, decidi tomar uma iniciativa. Me despedi dos dois. Celina me abraçou com força. Minha cunhada voltaria apenas mais tarde, e pedi que mandassem o meu abraço. Entrei no carro. Já estava escuro, a chuva cobria tudo. Fiz o retorno, liguei os faróis e o limpador de para-brisa. Bastou sair do condomínio que os problemas começaram.

Os carros moviam-se com vagar. Algumas centenas de metros além, a água tinha formado uma lagoa profunda. Vários automóveis desistiam, estavam retornando. Vou encarar, pensei. Fui atrás de outro carro, maior e mais robusto, que avançava devagar. A água engolia as rodas inteiras do automóvel defronte e revolviam a poça escura. Em algum momento, ele parou, e foi quando comecei a me exasperar. "Vamos!", gritei, sabendo que ninguém me escutaria. Ao meu lado, uma rua estreita subia o morro, e era de lá que escorria o grosso da chuva que se acumulava embaixo de mim. Eu já tinha lido em algum lugar que não era recomendável parar quando a água subia, que, se o motor não estivesse ligado, a água invadiria os componentes mecânicos e o carro poderia morrer de vez. Mais impaciente, buzinei. "Vamos!", voltei a gritar, e o carro da frente enfim se mexeu.

Uma pequena elevação e saímos da lagoa. Eu sabia o que me aguardava no caminho de Morro das Pedras. Fui matutando sobre o que deveria fazer, se os carros andavam com vagar por uma questão de segurança, ou se era eu o imprudente em querer passar logo pelos alagamentos. Na saída da estrada, entrando no bairro, havia menos movimento. Adiante, nova zona alagada. Tomei a contramão, fui avançando, até que, em algum momento, o carro perdeu força, ameaçou parar. O que fazer, o que fazer? Decidi engatar a primeira e o motor soltou um ronco estranho, abafado pelo barulho intenso da chuva. Dentro do carro, colei ainda mais a cabeça no para-brisa, espremendo os olhos para enxergar, torcendo para que nenhum bueiro tivesse se destampado debaixo da água. Se o automóvel fosse meu, talvez eu não tivesse me arriscado. Mas naquele contexto, não me importava, queria voltar, queria estar sozinho e abrigado.

Cheguei exausto, abri a porta da garagem, estacionei. Agarrei o guarda-chuva no piso do carro, de relance uma aranha metálica acuada. Corri para debaixo da cobertura do prédio e entrei com pressa no apartamento. Nunca passara um aperto daqueles. Só então me dei conta da imprudência. Eu podia ter me enroscado em fios elétricos soltos, topado com árvores caídas. Um carro pode ser arrastado pela força das águas. A circunstância era inédita e eu a subestimara. Sob pressão, agi e pensei mal, dominado pela adrenalina e a confusão.

Da janela do apartamento, não se via coisa alguma além do banco de areia da construção vizinha, alto, encharcado. O mar rugia lá fora, e seguiu rugindo a noite inteira. Devo estar seguro aqui dentro, pensei.

Mas já não tinha mais tanta certeza.

8. Pergunte ao lixo

Estiou na manhã seguinte. A maresia e a areia molhada persistiam como um sonho que deixa impressões ao acordar. Depois do café, aproveitei para terminar a leitura do livro de David Wallace-Wells. Apesar da inquietação que ele me provocava — por conta dela, talvez —, comecei a me rebelar contra tudo o que estava lendo, contra a redundância dos artigos de jornal que acumulava, contra a tempestade que ilustrava meus pensamentos como um estudo de caso imersivo. Seria essa a única maneira de vislumbrarmos o futuro? Não haveria uma lição a retirar dessa história? Seríamos tão previsíveis, tão estúpidos a ponto de reagir sempre de modo evitativo, defensivo, pouco prático? A catástrofe, o pânico, o horror, a realidade inconcebível e quase moralista como horizonte seria invariavelmente a trilha sonora das próximas décadas?

Foi quando lembrei que podia recorrer à Carla, Carla Tennenbaum, amiga minha desde a adolescência. Depois de cursar História na universidade, enveredou pelos estudos ambientais e passou a conceber obras de arte e mobiliários com os resíduos industriais. A Carla abraçou uma perspectiva chamada economia circular, segundo a qual toda produção deveria ser projetada para gerar, como resíduos, nutrientes e peças de outros produtos. Nesse contexto, não existiria algo como descarte, ou lixo. O conceito de lixo, concebido como dispensa de substâncias, objetos, restos, em um planeta de espaço e recursos finitos não era mais possível, nunca tinha sido. Por isso, nessa abordagem, uma produção redundaria em outra, um objeto produziria resíduos que serviriam de nutrientes para outros ou se transformariam em outros, ou seriam reaproveitados na linha de produção.

Arrisquei uma ligação. Mesmo entretida com as duas filhas pequenas, que a convocavam de tempos em tempos, a Carla conseguiu falar comigo.

"Esse discurso catastrófico é muito angustiante e, às vezes, muito imobilizador. Com tamanha avalanche de notícias, chega uma hora em que nós começamos a filtrar as coisas, e paramos de escutar. Eu me apaixonei pela economia circular porque é uma maneira mais propositiva de enxergar o problema."

A economia circular defendia a valorização da qualidade no lugar da quantidade. "Aquelas garrafinhas plásticas com menos plástico são horríveis de usar. E o plástico nunca pode ser reciclado, ao contrário do que dizem. A ideia não é minimizar o dano, e sim anular o dano, transformá-lo em outra coisa. Ser menos ruim não é ser bom. Tudo o que vem da terra precisa voltar à terra ou se transformar em outra coisa." Uma peça de uma cadeira poderia ser reaproveitada pelos *designers* da mesma empresa que a criou. Os componentes de um celular precisariam ser concebidos para o recolhimento das peças pela indústria para a recriação de modelos mais avançados. No lugar do *downcycling*, que é essa ideia de transformar garrafas PET em abajures feios ou cápsulas de café expresso em minivasos apenas para que a empresa apareça bem na foto, os produtos deviam ser desenhados considerando não apenas a sua origem, mas os seus destinos.

"Existe uma dimensão muito moralista em relação ao tema, que só torna as coisas mais difíceis e que envolve apontar os dedos uns para os outros. Os países apontam os dedos uns para os outros. Os veganos apontam os dedos para os carnívoros. O próprio ministro da Economia uma vez acusou os pobres de serem os responsáveis pela destruição da natureza. Falam muito do uso consciente da água, do tempo no chuveiro. A coisa toda é muito impregnada de culpa, da conversa sobre dívida histórica e sobre quem deve dar o primeiro passo. É evidente que países ricos, individualmente, consomem e destroem muito mais que países pobres. Claro que comer menos carne faz diferença, mas a questão também é que existem escolhas que as indústrias podem fazer ou deixar de fazer, e o governo pode obrigá-las a isso. A distribuição desperdiça entre 30% e 40% da água só em falhas do sistema, que eles não fazem muita questão de reparar. O que a agricultura e as fábricas gastam de água, por exemplo, é muito superior aos consumos domésticos, e fala-se muito pouco sobre isso, porque, de algum modo, para muitas forças em jogo, vale mais a pena perder tempo afirmando que se trata de um trabalho de conscientização individual que de iniciativa política. O Ailton Krenak disse numa entrevista recente que esse lance de uma vida autossustentável é mais uma vaidade pessoal que qualquer outra coisa."

    Perguntei à Carla se ela guardava esperança, ela disse que não restava outra opção, que o derrotismo era pior, era imobilizador, que a única boa reação era a ação efetiva, e precisávamos manter uma perspectiva pragmática. Perguntei a ela se, nesses anos desde que ela enveredou por este caminho, testemunhar que a coisa vai com tanta força no sentido contrário não a deixava desanimada, se o caminho era mesmo esse, se haveria tempo hábil para fazer todas as transformações que a economia circular propunha. Na base da pergunta, eu queria saber se a proposta, que me parecia linda no papel, era factível no curto espaço de uma década de que dispúnhamos. A partir do que tinha lido, não conseguia enxergar o horizonte de transformação necessário. Sabia que a China pretendia liderar o movimento, que o governo Biden começava a se mexer, que a Europa propunha iniciativas interessantes. Mas a própria geração verde de energia, pelo sol e pelo vento, segundo lera em diferentes fontes, ainda não era sustentável. O sol e o vento dependiam do clima. Os painéis voltaicos, pelo menos até hoje, ainda não eram recicláveis, suas telas e baterias eram descartadas e continham um índice enorme de toxicidade. Uma iniciativa na costa oeste dos Estados Unidos, durante o governo Obama, conseguiu produzir 17% do consumo de todas as famílias da região em energia limpa. Era admirável, mas me parecia um passo tímido, ainda que tremendamente dispendioso.

"É uma transformação inevitável", respondeu a Carla, talvez um pouco impaciente com a minha exasperação, ou por ter de responder a ceticismos pela enésima vez. "Não tem como a gente seguir explorando os recursos desse jeito, descartando da forma como fazemos. Tem recursos que vão acabar em poucos anos, é uma questão de interesse das empresas. É um investimento que vale a pena no longo prazo. Tem empresas empenhadas de verdade nesse projeto de transformação. Na Europa, já estão implementando a economia circular, e desenvolvendo uma legislação muito mais robusta sobre o assunto. Existe tanta coisa incrível que estamos fazendo! E acho que os eixos são os do investimento e da pesquisa. É uma questão de tempo até que a energia solar se torne realmente verde, que a energia eólica e solar também acabem por ser responsáveis por toda a energia gerada no planeta."

Depois da conversa, enquanto fazia a minha mala para retornar a São Paulo, abri um e-mail que a Carla me enviara, um material de estudos de caso de energia circular. Uma casa verde, supermercados que reutilizavam as embalagens de granola, arroz e feijão, sacolas feitas de fécula de mandioca. Uma empresa mexicana que elaborava um couro vegano à base de cactos. Outra empresa dedicada a produzir bicicletas artesanais seguindo a economia circular. Resíduos de fibras usados como material de construção. Plástico e isopor, numa iniciativa em Nova York, eram substituídos por micélios de fungos. Na Indonésia, embalagens comestíveis feitas de algas. Cadeiras e celulares desmontáveis, sistemas integrados de agricultura, fertilizantes elaborados a partir da recuperação de nutrientes, políticas de reutilização de embalagens.

Os projetos eram bonitos, pioneiros e, sem dúvida, apontavam para o horizonte da nossa civilização. Uma mudança nesse sentido parecia mesmo inevitável, ainda que a produção de embalagens e sistemas em escala massiva — afinal, somos bilhões — gerassem outros problemas, que moveriam a busca por soluções. Um mundo sem embalagens de plástico descartáveis, sem fertilizantes e pesticidas sintéticos, que retomasse a biodiversidade, movido a energia verde sem produção de emissões. Tudo isso já era possível e podia ser implementado. Mas tínhamos pouco tempo, e me restava pensar que futuro nos aguardava quando, enfim, o sistema produtivo terminasse de ser transformado.

9. Aposentadoria em 2060

Enquanto o avião de volta a São Paulo atravessava zonas de turbulência, eu matutava sobre a fragilidade dos esforços de prever o futuro. Para derrubar a credibilidade de economistas e cartomantes, basta que o tempo passe e o futuro se apresente. A profissão dos videntes persiste porque, quando acertam, a coincidência nos fascina. Poderíamos escrever uma história de todos os futuros que não se realizaram, das viagens turísticas à Lua na virada do século aos azarões dos jogos esportivos. Como prever o futuro? O que a História nos ensinou é que, com o tempo, alguns elementos do presente assumem o protagonismo no futuro, algo que já estava entre nós em estado latente, e cuja realização desestabiliza quaisquer esforços de antecipação. Para economistas frenéticos, uma crise de credibilidade dos papéis é um susto. Nas urnas, às vezes elegemos o pior candidato, desafiando toda lógica. E aí em seguida percebemos que sim, havia uma lógica, ainda que absurda, reconhecível *a posteriori*.

Feliz e infelizmente, o que nos aguarda será sempre uma surpresa. Tomemos os casos de *Blade Runner* e *Akira*, minhas distopias de infância ambientadas em 2019. Os computadores e telas monocromáticas estavam ali, mas não puderam antecipar a informática, uma sociedade que gira em torno desta pequena invenção, convertida em ferramenta multiuso: mapa, processador de dados, cartão de crédito, agência de matrimônios, shopping center e canal de notícias, dentre uma infinidade de recursos. Em contraposição, insistiram naquilo que parecia ser uma verdadeira obsessão dos anos 1980: os carros voadores. Meu sonho de infância de algum dia poder dirigir uma Delorean como a do filme *De volta para o futuro* nunca se concretizou. Ela não precisava viajar no tempo, eu me contentaria com alguma coisa que me desprendesse do solo. Podia até ser um skate voador, embora nunca tenha me dado bem com a versão de rodinhas. Sou da geração que viveu a popularização das passagens aéreas, filha da que enfrentou os choques do petróleo. Por estes e outros motivos, ficamos obcecados com a ideia de cada um poder assumir o seu próprio par de asas ou de jatos propulsores. Não aconteceu. Pelo contrário, nunca estivemos tão reclusos em casa. Viajamos mais do que nunca, mas passamos a maior parte do tempo em expedições virtuais, pelas telas de um celular ou de um computador. Em *Blade Runner*, a tela do computador é uma espécie de abstração codificada, uma luneta ou microscópio.

É por meio dele que os caçadores de androides os reconhecem, tão parecidos que são dos seres vivos, orgânicos, de carne e osso. As telas, no filme, revelavam alguma verdade sobre as coisas, procuravam as almas em seus simulacros. Os ficcionistas não puderam prever que tudo o que revela também exerce o poder de confundir.

O planeta é o que tem se convencionado chamar de hiperobjeto científico. Na ciência comum, você procura estudar um fenômeno mais ou menos isolado numa relação direta entre sujeito — o pesquisador — e objeto de estudo. Você faz um recorte, tenta isolar as variáveis para compreender relações de causalidade ou de correlação. Na faculdade de Psicologia, fazíamos experimentos com ratos albinos confinados em gaiolas em um biotério. A pesquisa, então, em linhas muito gerais, pedia uma amostra (alguns ratos), um mesmo ambiente (a gaiola), um estímulo recorrente (o labirinto, o choque, algum sinal) e a avaliação das respostas. Inscrevíamos os dados numa planilha, calculávamos elementos estatisticamente confiáveis de respostas visíveis e mensuráveis e procurávamos levantar hipóteses, sempre modestas, que se juntavam a outras, quando publicadas.

Mas aí você tem os hiperobjetos. O futuro, o planeta. Todas as variáveis estão em jogo. Todas as possibilidades. Tudo exerce efeito sobre tudo, e reverbera indefinidamente. Hiperobjetos são imprevisíveis, porque é o jogo de todos os fatores microscópicos e macroscópicos, intrínsecos e extrínsecos, voluntários e involuntários, numa dança e em atrito constantes. Não há distanciamento possível: você está mergulhado no seu campo de estudos. Você e o rato do laboratório estão na mesma gaiola, e a gaiola não tem paredes. É um experimento-vida que não tem começo nem fim, que não nos dá trégua nem durante o sono. Mergulhados num hiperobjeto de estudos, o cosmo é um campo de acidentes e diversidade. É por isso que os cientistas levaram tanto tempo para concluir com noventa e nove por cento de certeza que a espécie humana era responsável pelo aquecimento do planeta. Porque estavam acostumados a um outro tipo de objeto, porque não queriam se pautar em dados pouco confiáveis, porque o isolamento de variáveis era difícil demais sob essas condições, e não faltaram os lobistas das indústrias que perderiam com essa dura realidade a apresentar contraexemplos e financiar pesquisas diversionistas. Já é difícil estudar um hiperobjeto. Na presença de interesses obscurantistas, de toda uma indústria que estimula a confusão e sobrecarrega o sistema com dados contraditórios, a coisa se complica ainda mais. E se, ao saber dos resultados alarmantes dos cientistas do clima, o público geral torce a boca, sente-se mal, sai da sala ou muda de canal, qualquer ação coletiva e concreta capaz de fazer alguma diferença parecerá impossível.

    Com o tempo, contudo, os dados derivados de pesquisas rigorosas se multiplicaram, em um esforço de toda a comunidade científica que hoje afeta a maioria das áreas do conhecimento. Quando a situação se tornou evidente para crianças em idade escolar, os cientistas enfim puderam concluir que a questão era séria, e que infelizmente, era quase tarde demais.

Será possível prever o que de fato acontecerá nos próximos quarenta anos? Em uma palavra: não. Mas talvez seja imprudente agir apenas com o escrúpulo científico. O mais razoável seria estimular a capacidade intuitiva dos ficcionistas. E já que eles erraram feio em suas previsões até agora, talvez possamos aprender uma coisa ou outra com os seus equívocos.

Ficcionistas e cientistas trabalham com a continuidade dos fenômenos presentes e com a realização de fantasias estimulantes, inserindo, quando muito, uma ou outra novidade apenas aventada. Teremos de nos arriscar a introduzir novos elementos, que talvez estejam presentes de forma tímida na atualidade, ou sejam apenas possibilidades não exploradas. Precisamos pensar também em como os desdobramentos de determinado fenômeno poderão transformar os modos de pensar, produzir, comer e consumir das novas gerações. E ver como se relacionam com todo o resto. Algo podemos aprender com as farsas da História e suas recorrências, e com o que já sabemos das tendências comportamentais da espécie humana.

Vamos trabalhar com o período que Ridley Scott e Katsuhiro Otomo utilizaram: trinta a quarenta anos. Na virada de 2059 para 2060, estarei com oitenta anos de idade. Terei um plano de aposentadoria? Continuarei em São Paulo? As salas de cinema continuarão existindo? E os parques públicos? E os jogos eletrônicos? A publicidade? Como funcionarão os governos? Qual será o tamanho da população, o tamanho da economia? Como nos relacionaremos com as outras pessoas? Como enxergaremos o mundo, quais serão as mentalidades vigentes, o *Zeitgeist*, ou espírito da época em 2060?

Deixe-me virar aqui algumas cartas.

Em primeiro lugar, não seremos infelizes. O mundo não deixará de acabar. O apocalipse será lento, mas também mais violento do que estamos acostumados. Para os jovens de hoje que não sabem o que cursar, sugiro que pensem em Engenharia, porque num mundo em que as forças da natureza serão mais instáveis e violentas, precisaremos de novas estruturas e materiais que deem conta de tornados, enchentes, secas bíblicas, ondas de calor inconcebíveis. Nossos cuidados serão paliativos, e aprenderemos a viver com eles.

A cidade será mais verde, é certo, porque me parece uma saída mais simples e econômica aos seus atuais e futuros problemas. Será também mais vazia. Penso que na era das pandemias que estamos adentrando, as reações defensivas do planeta varrerão parte da espécie humana, e aprenderemos a enxergar isso como consequência dos nossos atos. Líderes religiosos continuarão entre nós, interpretando os fenômenos como sinais de uma ira divina ante os excessos e os pecados humanos. Não faltará uma onda social de saudosismo. Muita idealização vai nascer da nostalgia do tempo que hoje vivemos, em que as coisas estavam mais ou menos no lugar, quando podíamos tomar um banho de mar sem sermos atacados por águas-vivas gigantes ou arrastados por tufões, que se formarão como que de uma hora para outra a partir de distorções climáticas abruptas.

Não temos nenhuma razão para crer que as pandemias irão se dissipar, porque não alteramos as suas condições de surgimento. Alguns desses vírus com potencial de disseminação já foram detectados pelos cientistas em lugares isolados do planeta. Um vírus que fica tanto tempo no organismo sem se manifestar pode se espalhar em segredo, viajar em poucas semanas para as maiores capitais do mundo e matar milhões de pessoas em um mês, antes que a comunidade científica se dê conta do que está acontecendo. Se a covid-19 foi um alerta, um surto como esse será a gota d'água e fará grande diferença nos rumos da humanidade. Esforços globais para conter a disseminação serão mais organizados, porque mesmo os governantes mais lunáticos irão concluir que não podem ficar atrás nos empenhos e na implementação de políticas, que a negação só trará prejuízos para a sua perpetuação no poder. Outras duas áreas de atuação do futuro: epidemiologia e microbiologia. A produção de vacinas será constante, a tecnologia de testagem avançará com muita rapidez e será a garantia de preservação de nossa espécie.

Todas as formas de geração de energia serão verdes, e nenhuma será verde. Solar, eólica, nuclear e também cinética. Aprenderemos a retirar a energia dos pequenos movimentos — o balançar das folhas ao vento, o atrito dos nossos sapatos no solo. Celulares e relógios serão carregados no bolso. Muitos dos nossos esforços de reparação sairão pior que a encomenda. O vento e o fogo varrerão, como já estão fazendo, campos de reflorestamento. Construiremos pontes que desabarão, hélices serão arrastadas pelos ecossistemas furiosos. Mais ainda que hoje, a internet estará cheia de registros audiovisuais de coisas indo pelos ares todos os dias. Em razão dos recursos escassos, nossos gastos de energia serão contabilizados num sensor individual. Cada sujeito terá uma cota semanal de uso de chuveiro e de energia elétrica. As indústrias terão de bancar parte dos próprios gastos, gerar a sua própria energia. Desperdícios não serão apenas intoleráveis, como moralmente execrados e puníveis por lei.

A esta altura, teremos acabado com a maioria das espécies do planeta. Outras surgirão, oportunistas, mas será um ecossistema muito mais pobre daquele que encontramos na aurora da civilização. Em constante mudança, o planeta não achará um novo equilíbrio no intervalo de muitas e muitas gerações. Veremos os filmes, as séries antigas. As pessoas não usavam máscaras (no futuro, elas usarão máscaras até para dormir, em períodos críticos), caminhavam sobre gramados plácidos como jardins japoneses. Os notívagos de 2060 verão programas da madrugada com cenas de animais extintos, e a nostalgia moverá uma curiosidade aguda e dolorosa pelo que nunca viveram. O paraíso perdido será o ensejo de uma nova mentalidade voltada para a diversidade, a biologia, o amor e o temor ao que não é humano. A natureza será a nossa nova religião, objeto de uma nova reverência, e não buscaremos mais sentido nos planetas inatingíveis do zodíaco, mas na ciência infinita das criaturas que sobreviveram à nossa nova era das trevas.

Diante da escassez e da instabilidade históricas, a economia não será movida pelo crescimento, mas pela preservação. Desprovidos do combustível frenético da produção, os Estados serão mais pobres. Com a fragilidade dos sistemas produtivos, algumas nações serão governadas por grupos autocratas corruptos, outras por megacorporações detentoras do suprimento de insumos essenciais, como água e grãos. Quando a consciência nacional enfim compreender que o poder privado ameaça as democracias, algumas multinacionais poderosas vão assumir suas ambições despóticas, construirão as suas próprias milícias, investirão em golpes para derrubar governos eleitos. Estimulado por um ambiente semelhante ao pós-Primeira e Segunda Guerra, um Estado planetário terá poderes que as Nações Unidas nunca tiveram. As Nações Unidas serão criticadas com os mesmos argumentos que aposentaram a Aliança das Nações, submissa às soberanias nacionais. Perante as instabilidades ambientais e a necessidade de uma coalizão, as ideias de soberania e patriotismo serão substituídas pela integração planetária. Haverá eleições mundiais para o conselho internacional, em razão da conclusão mais que evidente de que os fenômenos globais não respeitam as fronteiras arbitrárias estipuladas pelo homem. Esse movimento será estimulado pela crise dos países ricos, depois do influxo migratório de milhões de pessoas das áreas inabitáveis. As novas Nações Unidas entrarão em conflitos constantes com estados dissidentes, em nome da distribuição justa de recursos naturais. Movimentos separatistas vão aparecer nos noticiários. O crime de ecocídio levará dezenas de presidentes e CEOs ao Tribunal de Haia.

Em boa parte do ano, estaremos debaixo da terra, em *bunkers* domésticos, protegidos das intempéries e do calor opressivo. Isso provavelmente ganhará força em trinta anos ou menos, por volta de 2040 ou 2050, quando vivermos a virada, o momento em que os gelos derreterem, engolirem cidades costeiras, liberarem mais metano e vírus na atmosfera, que esquentará um ou dois graus num intervalo de poucos anos. Parte da energia elétrica será gerada de maneira local. Cidades inteiras serão reconstruídas debaixo da terra, sob um solo de árvores, riachos e florestas. A nanotecnologia reinventará a filtragem da água, a indústria têxtil, mas também as tecnologias de rastreamento e a microbiologia. As zonas inabitáveis do planeta — o deserto amazônico, o Saara, o *outback* australiano, por exemplo — serão ocupadas por usinas energéticas de calor, luz solar e vento, ao passo que as usinas atômicas serão concentradas em regiões mais próximas dos polos. Em razão dos custos ambientais, a produção pecuária terá controles severos. A carne será muito cara, consumida por poucos. A carne será o novo cigarro: um hábito nocivo, que provocará certa repulsa às novas sensibilidades. Amparados por testes rápidos de antígenos, teremos passes sanitários que permitirão a vida em comunidade. Não inventaremos a cura do câncer, mas um método muito prático e rápido de detecção e remoção de células perigosas. Seremos mais combativos na profilaxia a partir de mapeamentos sofisticados de nossa carga genética. A inteligência artificial será uma solução definitiva para diagnósticos médicos e cálculos meteorológicos. Graças a ela, artistas serão movidos apenas pela paixão. Composições clássicas brilhantes surgirão todos os dias.

  Estaremos felizes, talvez, curiosos em relação aos novos tempos, gratos por termos sobrevivido às guerras, pestes, secas e tempestades. Viveremos a utopia da distopia cultivando nossos jardins subterrâneos, observando a beleza das formas naturais, de qualquer nova surpresa ou manifestação da vida. Não posaremos para as fotos com sorrisos no rosto. Também não viajaremos tanto. Mas nas ruínas do que hoje é o presente, tampouco haverá muita coisa para ver. Talvez no futuro sejamos todos meio *hippies* e cientistas, mas *hippies* cientistas calejados pela calamidade e pela barbárie. Nos meus sonhos noturnos, aos oitenta e um anos de idade, imaginarei um mundo novo para o meu neto, com fragmentos da minha própria infância num remoto século. Meu neto, que poderá, talvez, respirar um ar fresco ou encontrar a grama coberta de orvalho quando chegar aos oitenta anos, em 2100. Já não veremos as geleiras ou as neves eternas em milhares de anos, mas ao menos, quem sabe, as novas crianças poderão inspirar um pouco da árvore que plantamos.

    E sim. Teremos carros voadores. Eles serão um estorvo.

10. Miragem *Cyberpunk*

De volta a São Paulo, resolvi dar um tempo com as previsões. Lembrei-me de que Dante inclui os videntes em um dos círculos de seu inferno na *Divina Comédia*. Profetas como Cassandra e Tirésias nunca acabavam bem nas tragédias gregas. Na corrida para casa, pela janela do automóvel, a paisagem urbana da Marginal Tietê me olhava de volta como um cego mascando chicletes. Se a extinção começa antes do desaparecimento das espécies, eu podia perceber agora que já vivemos um pouco como essas árvores esquálidas brotando no asfalto, doentes, constrangidas pelas condições que construímos em nome da conveniência. Apesar dos milagres que a ciência prometeu, o apocalipse agora parecia um dado da realidade e todas as nossas perguntas deviam brotar daí. A nossa incapacidade de agir, de mudar o curso dos acontecimentos, ao lado do nosso deserto íntimo, nossa pulsão destrutiva, precisavam entrar na equação dos hiperobjetos e integrar as suas variáveis. Em algum momento, por razões de pura sobrevivência, deixaremos de ser apenas os agentes passivos da catástrofe. Ao que parece, contudo, isso acontecerá apenas após o espetáculo, no acender das luzes.

Uma das cenas mais dramáticas de *Blade Runner* é o confronto no terraço de um hotel abandonado entre Deckard, o caçador de androides, e o líder dos replicantes rebeldes, Roy Batty, que foi interpretado pelo escritor e ambientalista Rutger Hauer, falecido em 2019. No filme, o nosso planeta foi abandonado pelas classes privilegiadas, que partiram para colônias tranquilas e verdejantes em planetas vizinhos, deixando a Terra desolada aos pobres e doentes da sociedade. Pouco antes, o replicante foragido logra encontrar o seu criador e descobre que ele é incapaz de prolongar a sua existência, que a tecnologia de que dispõem não é avançada o suficiente para salvá-lo. Com uma vida útil menor que as versões menos avançadas, o androide não tem tempo a perder. E no conflito final no terraço do edifício, o *cyberpunk*, que percebe estar morrendo por causas internas, poupa o seu inimigo e desiste de lutar.

"Vi coisas que vocês não acreditariam. Naves de ataque ardendo no Cinturão de Órion. Assisti a raios gama brilharem na escuridão próxima ao Portão de Tannhäuser. Todos esses momentos se perderão no tempo como lágrimas na chuva."

Diante desse lamento, desse epitáfio, o caçador de androides silencia e concede ao outro a frágil eternidade das palavras. Testemunha de seu último instante, o caçador é um semelhante. Este é o pacto, afinal, o acordo que a humanidade faz consigo mesma: cada um de nós deixará este mundo. Os que estão vivos reconhecem a impotência dos moribundos, condoem-se momentaneamente, mas nunca conseguem tocar esta verdade até que chegue a sua hora.

Em algum instante da conversa ao telefone, a Carla mencionou um sujeito, Kenneth Boulding, que afirmava que uma sociedade que abandona um projeto de futuro perde também a capacidade de tomar decisões no presente. Durante o papo, concordei com a ideia. Afinal, sem um horizonte possível, não sabemos para onde caminhar. Se o que temos são apenas ambições individuais de curto prazo, e se não podemos nos entender como sociedade, o que afinal restará de tudo o que a sociedade construiu? Mas, enquanto retornava do aeroporto para casa, um argumento veio ao encontro dessa ideia, e que era: mas como poderia ser diferente, se todos os nossos projetos de futuro se desfiguraram, se as nossas utopias se revelaram ingênuas? O sonho de uma sociedade justa e igualitária é uma quimera. A confiança na ideia de progresso ficou no passado. Se as causas sociais ganharam força nas últimas décadas, há quem diga que isso se deva justamente a uma tímida bonança, oferecida pela economia estimulada pelos combustíveis fósseis e por um sistema que depende da mão de obra barata e de novos mercados consumidores, e que uma mudança nas condições do planeta ameaçaria atirar todas essas conquistas por terra.

Teríamos de mudar o modo como enxergamos o passado e o futuro. Na perspectiva tradicional, o passado é um continente instituído, rígido, imóvel, ao passo que o futuro se apresenta como horizonte de possibilidades. Mas é o contrário. Ao que parece, é o passado que se move à medida em que nos distanciamos e voltamos a olhar para ele de uma nova perspectiva, criando sentidos e novas narrativas, ao passo que o futuro nos chega como um acidente imprevisível, um trem em alta velocidade. Uma fatalidade inevitável.

Muitos de nós sobreviveremos à irrupção da distopia. A mera sobrevivência não deixará de conviver com novas previsões, com uma profusão de sonhos de futuro. Até lá, uma nova consciência deverá surgir. Não é uma frase otimista: cada era cria a sua, cada sujeito é filha e filho de seu tempo. Se a nossa extinção é uma realidade, fico pensando se esta nova consciência também já não se insinua no presente, e, considerando que todas as previsões são invariavelmente limitadas, se não poderíamos ao menos abraçar os aprendizados que aquela porção do futuro que já se encontra presente pode nos oferecer. Nos sonhos distópicos dos anos 1980, o futuro era um tempo brutal, de figuras desamparadas atreladas a suas máquinas potentes. O mesmo talvez se confirme daqui a quarenta anos: a violência dos estados autoritários, as guerras civis por água potável e terras cultiváveis, as milícias corporativas e a delinquência da iniciativa privada, a pobreza extrema e a fome produzirão a continuação de muitos dos espetáculos bárbaros que já vimos. Mas se a guerra era louvada no Manifesto Futurista do começo do século XX, e a brutalidade parecia heroica nos filmes dos anos 1980, me parece que, no futuro que se avizinha, a virilidade alfa, a festa da especulação financeira, a adrenalina de um universo sem lastro não serão mais louvados. Saberemos que o que nos destruiu foi uma crise da empatia, a falta de uma aliança íntima entre origens e fins, causas e consequências, passado, presente e futuro.

E se perguntássemos à natureza? Diante da necessidade de conceber um tempo menos antropocêntrico, é também inevitável pensar que o ser humano, suas invenções, seu aparato simbólico são todos filhos do meio, da natureza que cobre a superfície do planeta. Que a natureza como a enxergamos é concebida socialmente, mas que a nossa sociedade, nossa cultura, nossa capacidade de falar é apenas uma parte desse corpo vivo e interdependente. Como aquele macaquinho no Pantanal, temos olhos, braços, pernas e um cérebro. Compartilhamos 99% de sua herança genética.

Diante da fúria climática, das secas e enchentes, não somos mais senhores, mas aprendizes. Precisamos reconhecer que estamos aqui há pouco tempo, que nossos saberes ainda são limitados e mal começamos a entender do que se trata tudo isto. E como aprendizes, deveríamos tentar compreender o mundo mais antigo, o mundo sobre-humano de criaturas visíveis e invisíveis, que souberam viver e sobreviver sem colocar em risco o lugar em que se encontram. E se pudéssemos consultar um mensageiro desse meio? Louvamos as tecnologias de comunicação que inventamos, a sofisticação de nossa linguagem e toda a conquista que isso propiciou, mas, ao que parece, o instrumento simbólico foi também uma danação e uma fronteira. Perdemos a capacidade de entender tudo o que extrapola o campo da linguagem. Nos recusamos a enxergar a realidade dos que não conversam como nós ou não entendem a nossa língua.

    E se, ao contrário, pudéssemos nos deslocar do lugar confinado em que estamos, e buscássemos uma maneira de conversar no idioma das árvores, dos bichos, da infinidade de criaturas que convivem conosco neste planeta? Se somos tão poderosos quanto uma vez nos julgamos, por que não almejamos uma via de troca que não seja predatória, indiferente e autocentrada? Não haveria um meio de existir de novo no seio do tempo circular, de volta a uma cosmovisão que não produza ruínas, em que a energia do sol bastaria não apenas pelos próximos quarenta, mas por quarenta mil ou quatro milhões de anos?

Parte II

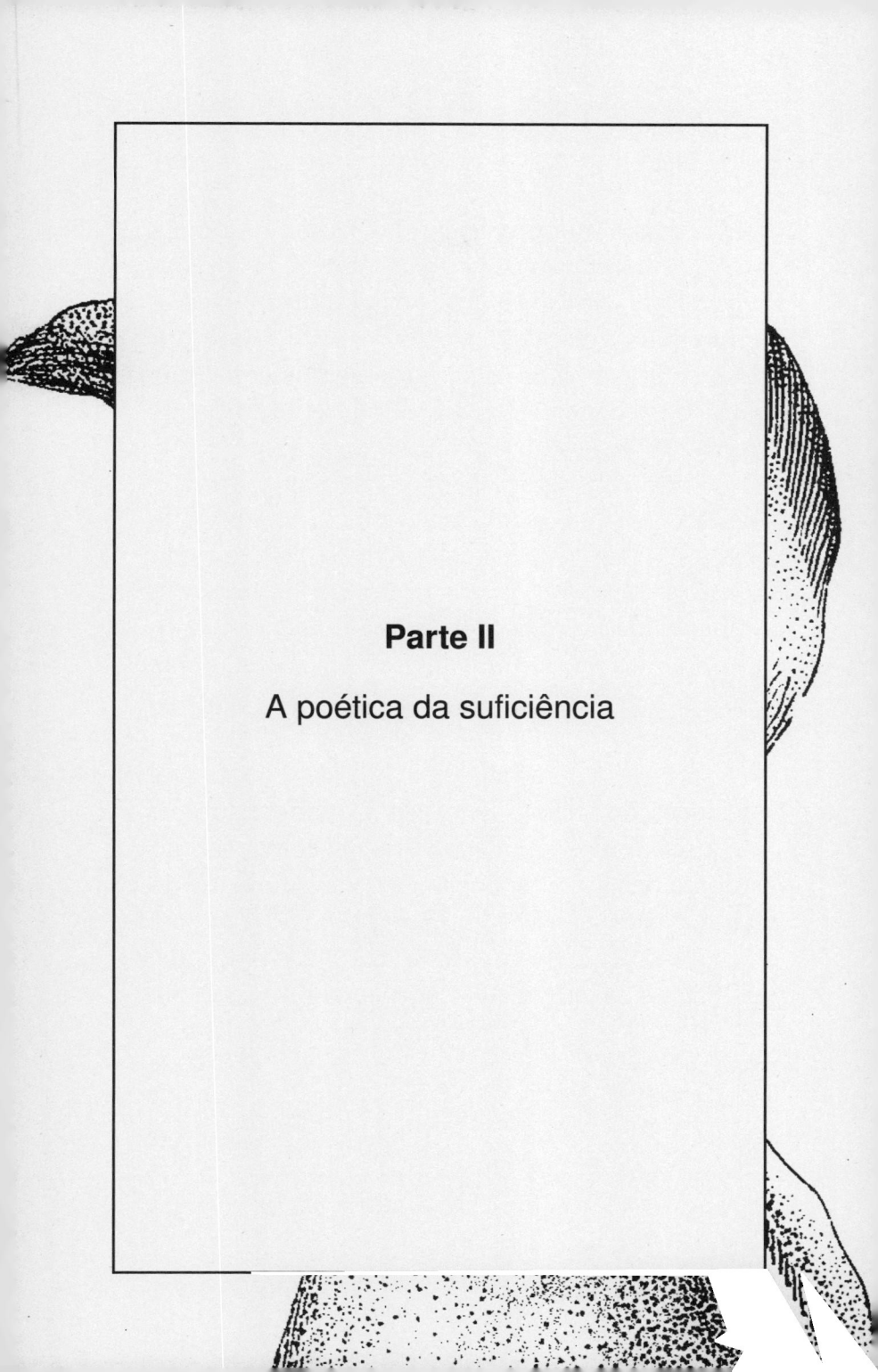

A poética da suficiência

"Ontem comemos mal. E hoje pior."
Carolina Maria de Jesus, *Quarto de Despejo*

"Eu não quero mais pensar a não ser com o meu corpo."
Clarice Lispector, *A paixão segundo G.H.*

"Nada lhe faltava. O alimento de que gostava, os vigilantes traziam sem pensar muito; nem da liberdade ela parecia sentir falta; aquele corpo nobre, provido até estourar de tudo o que era necessário, dava a impressão de carregar consigo a própria liberdade; ela parecia estar escondida em algum lugar de suas mandíbulas."
Franz Kafka, *Um artista da fome*

1. Meu pai só queria uma maçã

Por quase quarenta anos, a rotina familiar dos domingos sobreviveu a rusgas e a perdas. Até bem pouco tempo atrás, permaneceu uma tradição confortante justamente por carecer de variações. Era o refrão da semana.
O que sempre fizemos: comer e conversar. Não jogamos cartas, não saímos para caminhar. Não nos envolvemos em atividade recreativa (a não ser que você considere a televisão uma atividade e o jornal impresso algo recreativo). Não armávamos um piquenique no parque ou uma descida à praia. O piano permanecia em silêncio,

e, exceto nos natais, raramente alguém se dispunha a cozinhar. Na imensa maioria das vezes, fomos de carro a algum restaurante acessível. Meu pai, o único de nós que possuía um automóvel, era o que se incumbia de buscar minha tia e minha avó, que viviam juntas em um apartamento nos Jardins. Alguns minutos antes de chegar, ele ligava para avisar que elas já podiam descer. Com a chave da garagem do condomínio, descíamos a rampa e parávamos ao lado da saída do elevador. Não demorava até que as avistássemos, elegantes, minha tia e minha avó, surgindo sem pressa sobre os saltos altos. Quando reunidos no carro, decidíamos onde comer. Às vezes, meu pai deliberava sozinho e nos levava a um dos restaurantes de costume, fingindo suspense quando minha tia queria saber aonde iríamos. O segredo era logo revelado, porque os caminhos eram os mesmos. Meu pai parava na frente do restaurante, as madames desciam, e ele ia buscar um lugar para estacionar.

    As opções eram recorrentes: o pátio de alimentação de um shopping center; o Banri, na Liberdade; o libanês, no Pari, ou o Rinconcito, na República. Outro restaurante que visitávamos com frequência era o Magic Chicken, um salão amplo e agitado de clientes, com garçons equilibrando feijoadas, porções de polenta e de frango crocante. Também costumávamos visitar um restaurante do bairro da Aclimação especializado em espetinhos e que atendia pelo nome de Esquina do Espeto ou congênere. Nessa ocasião, alguns iam de suco de mexerica; outros, de caipirinha. Atordoado pelo excesso de opções (berinjela com queijo? bife ancho?), eu me contentava com três espetos: um de pão de alho (sim, o pão vinha no espeto), um espetinho de coração de galinha e um terceiro de linguiça apimentada, que molhava no chimichurri, no vinagrete e na farofa. Achava a carne bovina indigesta nesses lugares. De sobremesa, alguns pediam um espeto de morango com chocolate. Na tela plana, no alto da parede, para o nosso júbilo, o garçom deixava rodando o show em alta resolução de algum cantor sertanejo. Agregados e companheiras eram assíduos nesses almoços. Em raras ocasiões minha irmã aparecia, quase sempre de ressaca, comia e ia embora logo depois.

Depois do almoço, a parada seguinte era a casa de meu pai para o café e a sobremesa. Ou várias sobremesas: depois do segundo café, uma hora depois da torta de morango, meu pai atirava sobre o colo de minha avó uma caixa de bombons, como quem dá a entender que a caixa era toda dela, que ela monopolizaria os bombons, uma piada que sempre lhe arrancava risadas. Ao longo da tarde, diante da televisão, proseávamos, comíamos e suspendíamos por algumas horas o ritmo predatório da semana.

Tenho fotografias dessas tardes de domingo. A família aguardando a comida ou a conta. As pulseiras agitadas nos braços de minha tia, que gesticulava, entusiasmada com a anedota que estava contando. Meu pai de sobrancelhas erguidas, minha irmã rindo ou bocejando. As conversas cruzadas sobre a mesa, as muitas polêmicas, nos tempos em que pareciam inofensivas. Quando eu viajava e me ausentava, era desses encontros que eu mais sentia falta, daquele debate cotidiano sobre filmes, atualidades políticas e intrigas familiares. E quando recordava essas tardes, me entristecia ao imaginá-los almoçando sem mim.

Na adolescência, eu me rebelava contra os almoços de domingo. Achava-os repetitivos e prometia a mim mesmo que faria diferente. Continuaria sem carro e nunca mais pisaria num shopping. Os anos foram passando e me dei conta de que não queria abdicar do conforto daquele espaço familiar. Eu me tornara como eles: gostava de conversar sobre os mesmos assuntos. A tranquilidade dos encontros me enternecia.

O que mais fazíamos naquelas tardes era comer. Falar de comida. Falar de não comer. Minha tia nunca saiu da sua dieta. Quando a provocávamos, se ofendia. "Que falta de psicologia a de vocês!" Minha avó olhava para o prato de meu pai e erguia as sobrancelhas, acenando para os outros. "Que saúde!", debochava meu irmão quando nosso pai voltava do bufê de doces com três opções diferentes. Em minha família, comia-se, e comia-se muito.

E isso se via. Com exceção de minha avó, que nunca teve dificuldades em manter o peso dentro de uma faixa mais ou menos estável, todos da família oscilavam entre o sobrepeso e a obesidade. Meus irmãos, que tinham sido magros na adolescência, também engordaram.

A dieta impossível era outro dos *loopings* que se mantiveram ao longo dos anos. E é por isso que, durante um almoço de aniversário, quando meu pai comentou, distraído, que jantava apenas uma maçã todas as noites, fui tomado por um vago sentimento de melancolia. Apenas uma maçã? Era o fim de uma era.

O anúncio não era uma novidade completa. Meu pai já tinha 76 anos, e os sanduíches, quibes e esfihas noturnos, ainda que antes não os recusasse, sempre lhe caíram mal. Aliás, todos sofríamos de graus mais ou menos acentuados de gastrite e refluxo estomacal, e o omeprazol era um remédio que praticamente passávamos uns aos outros por cima da mesa. Os domingos eram morosos também porque o estômago nos obrigava a isso. Minha tia quase se gabava de dispensar a salada aos fins de semana. "Já passei a semana de dieta, eu mereço", e a massa muito condimentada, com molhos ácidos ou gordurosos, alternava-se a filés, linguiças, frangos crocantes, farofas às vezes muito secas e polentas deliciosas salpicadas de queijo parmesão, brilhantes de gordura. O café ajudava na digestão, mas a massa amanteigada e o creme doce da torta de morango vinham por cima. Diante da televisão, das duas às cinco da tarde, o que fazia era tentar esquecer-me da vida por meio de um deslocamento do sangue das regiões periféricas do corpo — cérebro, braços e pernas — até o sistema digestório, uma zona erógena labiríntica que preenchia grande parte da nossa bolsa de pele e ossos. A maçaroca de tudo o que comera a partir do meio-dia cumpria a lenta maratona dos movimentos peristálticos ao longo dos nove metros de sucos gástricos e flora intestinal, da faringe ao reto. Cansado do protagonismo motor e cognitivo, aos fins de semana eu diluía a força de vontade no líquido amniótico do não-pensamento.

    Nos tempos em que caminhava com oito, dez, quinze quilos acima do meu peso razoável, não posso dizer que fosse totalmente feliz. O excesso era um lembrete constante de que algo faltava. Meu corpo deformava a imagem que eu fazia de mim mesmo. Nas minhas muitas dietas, logradas e malogradas, nas curvas de peso que contabilizava em um aplicativo do celular como se fossem índices da bolsa, eu podia acompanhar, histórica e matematicamente, o meu fracasso em entender a submissão aos caprichos alimentares. E nesses tempos, que foram muitos, eu sentia que os almoços de domingo eram o suicídio lento do amor próprio, uma indulgência na presença cúmplice dos familiares, uma entrega sem pudor a uma imoralidade autocentrada.

    Nos momentos de autodepreciação, os magros pareciam criaturas de outra natureza. Seguros demais para se deixarem tomar pela ansiedade da fome, eles tinham coisas mais importantes a fazer do que engordar e hibernar o dia todo. Suas vidas eram sem dúvida mais interessantes que a minha. Os magros não iam ao shopping. Comiam ao ar livre em terraços arborizados. Tomavam vinho branco. Suas refeições duravam horas. Aos olhos sugestionáveis de um adolescente, eles brotavam soltos e alegres nas publicidades da televisão. Eu estaria lá em algum momento? Porque, para mim, a comida era um ato compulsivo: comia sem vontade, para marcar os tempos do dia, para interromper aquilo que estava fazendo e passar da manhã à tarde, da tarde à noite. Como cigarro, era um modo de descansar, de premiar-me pelo esforço, de consolar-me de uma má notícia ou um mau humor. Uma fraqueza, as pontuações de uma condescendência permanente.

Mas tudo isso mudou, e mudou bem antes do comentário distraído de meu pai sobre a maçã. Comemos pouco naquele almoço. O suficiente. E havia algo naquele gesto consensual, naquele novo pacto coletivo, que parecia uma resposta aos excessos de antes. Comer é um ato político, queiramos ou não. Comer nos faz também criaturas de consumo. É a nossa contribuição diária para os rumos de um sistema produtivo. Não compramos celulares todos os dias. Não compramos roupas todos os dias. Entretanto, todos os dias, usamos do dinheiro que ganhamos para comer e financiar a cadeia que levou aquela comida à nossa mesa. Esses hábitos falam de nós, e também da sociedade e do tempo presente. Como os discursos que tomamos de empréstimo e se parecem com conclusões próprias, nas últimas décadas fomos apresentados a uma nova forma de comer. E nos deixamos seduzir pelas cores das embalagens e por suas gorduras saturadas, o que tem transformado a paisagem do planeta como nunca desde o período glacial. Há uma conexão íntima entre o fato de que nossos bisavós não reconheceriam como comida aquilo que encontramos no supermercado e o outro fato de que tampouco reconheceriam a cidade e o país em que viveram.

2. Contando calorias até a Ásia

Como de praxe, eu tinha engordado mais quatro quilos sem que me desse conta. Estavam ali, na indisponibilidade das roupas em me dar um contorno despojado, no rosto rechonchudo e na tal cintura abdominal, que nunca mente. Eu me sentia disforme, mas me esforçava para me posicionar no ponto cego da consciência, escondido por roupas largas e escuras, fingia que não era comigo e que se tratava de algo menor e secundário. Minha identidade não se achava em meu biotipo. Havia um divórcio entre ambos. Não ligar para o próprio corpo, entre os vinte e os trinta anos de idade, poderia parecer uma forma de emancipação, mas não passava de um autoengano, de um trava-línguas, e eu sabia disso quando invejava a liberdade de movimentos de alguém que conhecia, e que dominava a própria silhueta sem esforço aparente, sabia vesti-la e apresentá-la. Eis uma frase que provocava a minha inveja: fulano é muito à vontade com o próprio corpo. O papo de que eu precisava me amar me submetendo à deformação estimulada pelos caprichos parecia um embuste. O sujeito emancipado não pode relegar a própria encarnação ao *status* de apêndice do pensamento. O corpo existia, estava presente. Para os outros eu era o meu corpo, uma manifestação visível. E até os que me amavam tratavam de modo diferente as minhas versões magra e gorda. Abandonar o corpo representava confiar demais na soberania do pensamento, no meu poder de compensar a materialidade com qualquer outra coisa, um gesto pretensioso de julgar-me acima da dimensão carnal.

O que denunciava o equívoco dessa suposta indiferença era a compulsão. Abandonado à própria sorte, eu comia mais do que me dava conta. Sentir um mínimo indício de fome me afligia, fazia recordar justamente dessa materialidade que eu procurava sufocar. Além disso, comer era uma ótima maneira de protelar as tarefas desagradáveis ou de ocupar as mãos em situações socialmente constrangedoras. E, como é comum nestes casos, quando não escolhemos, somos escolhidos. A comida caseira da minha infância — arroz, feijão, salada e carne — era a menos atraente, a menos exótica, a representação da mesmice e um lembrete dos dias vazios da pré-adolescência. Eu preferia me acabar nas batatas *chips* de pacote, no miojo temperado, na fileira de sushi com *cream cheese*. No supermercado, não me opunha ao pálido e cálido pão de fôrma, contanto que contivesse uma camada generosa de requeijão por cima.

As coisas começaram a mudar em janeiro de 2019. Minha namorada e eu passaríamos uma temporada na Ásia. Eu trabalhava remotamente, podia viver em qualquer lugar. E minha companheira, filha de uma chinesa que partira ainda bebê de Hong Kong e nunca retornara a sua terra natal, nutria um desejo crescente de resgatar a cultura de seus ancestrais e a trajetória de sua família. Além da China, incluímos a Tailândia, o Vietnã e o Japão no itinerário. Para mim, descobrir a Ásia tinha a ver com a busca de outros modos de enxergar o mundo e lidar com o corpo. Uma viagem era também uma expedição gastronômica. Um país apresenta sua história e seus códigos em sua culinária, e me encantava a ideia de descobrir como comiam as diferentes culturas asiáticas, e o que podíamos aprender com eles.

Mas estava preocupado. Quando viajava, eu costumava ganhar peso. Numa viagem, tudo é novidade. E tudo é passageiro: ou você prova daquelas fritas tão sedutoras em uma praça em Bruges (mesmo que não tenha se passado mais de uma hora desde o almoço), ou pode ser que não prove jamais, porque no dia seguinte o cenário será outro, com novas praças e novas surpresas. Eu já tinha engordado mais quatro quilos além dos oito de sobrepeso que me eram conhecidos. Ou seja: estava doze quilos mais gordo do que o limite de meu Índice de Massa Corporal permitia, e por isso, decidira recorrer a uma dieta de choque, dessas radicais de perda de peso. Ao menos no começo, para me estimular a continuar. Já frequentara o Vigilantes do Peso, já fizera a dieta mediterrânea e a dieta francesa. Uma vez, experimentara o regime dos pacientes do Hospital do Coração que minha tia conseguira contrabandear, uma rotina de privação extrema que durara uma semana, incluíra um humor terrível e alucinações estranhas. De todas elas, a que mais me agradava para aquele momento era a cetogênica, de supressão de carboidratos: você elimina pães, grãos e tubérculos a partir das cinco da tarde. No lugar da cerveja, destilados. Nada de açúcar, e carnes à vontade. Privado da glicose de que são feitos os carboidratos, você entra num processo fisiológico denominado cetose, quando o corpo deixa de absorver as calorias. E você não sente fome, porque continua comendo alimentos proteicos, que provocam bastante saciedade. Com isso, costumava perder alguns quilos rapidamente. Eu mantinha um aplicativo de acompanhamento de peso e outro em que incluía todas as coisas que comia e contabilizava as calorias.

    Era uma prática artificial, que em geral durava pouco tempo. Ninguém consegue ficar contando calorias para sempre. Isso não é vida. Fora que alimentar o aplicativo de contabilidade de calorias é um desafio. Nem sempre se sabe quantos gramas de carne tinha aquele bife, quantas colheres de sopa de arroz havia no prato, ou se o risoto de alho-poró tem as mesmas calorias de um risoto de *funghi*, ausente no repertório de alimentos do aplicativo. Os cálculos são naturalmente subestimados, e o gordo sabe disso. Ele rouba no jogo que propõe para si mesmo, burla as próprias regras. Faz parte do prazer, do gozo proibido de extrapolar aos poucos, e de pouco em pouco, são mais dois quilos no ponteiro da balança, o suficiente para se sentir um leitão pronto para o abate.

Lembro bem: faltava pouco mais de uma semana para a nossa viagem asiática. Estávamos a caminho de um supermercado, a agenda tomada por uma série de providências, vistos, compra de divisas estrangeiras, cancelamentos de serviços. Uma correria. Eu falava da dieta. Gabava-me de ter perdido dois ou três quilos, e minha companheira me sugeria que batesse um papo com uma nutricionista amiga sua. Não sei, respondi. Estou indo tão bem. "Justamente", reiterou. "É para que possa seguir no processo que a Lia pode te ajudar."

O que eu sabia dos nutricionistas? Pouco ou nada além do que diziam os especialistas consultados em telejornais da hora do almoço, que intercalavam trivialidades sobre boa alimentação com o cotidiano de duas ou três donas de casa entrevistadas na cozinha, em matérias frugais que serviam tão somente para preencher a programação e construir uma aproximação com o telespectador. Eles sempre diziam a mesma coisa, que era mais ou menos o que já sabia da leitura dos livros de dietas ou dos programas de Vigilantes do Peso: corte álcool, frituras e doces. Faça um café da manhã de príncipe, um almoço de operário e um jantar de sem-teto. Coma de três em três horas. Consuma de 1.500 a 2.000 calorias por dia, pratique atividade física. Imaginava que uma consulta à nutricionista incluiria uma conversa banal sobre meus deveres, a censura velada às minhas transgressões anteriores e a prescrição de uma dieta tediosa em um papel impresso, com rotinas de alimentação, como "Café da manhã: café preto, torrada, banana", um programa tão insosso quanto impraticável em uma viagem à Ásia. Tudo o que eu não queria era me privar das descobertas e surpresas, e tornar-me o equivalente àquele sujeito que vai com amigos a uma pizzaria e opta por uma salada, ou pede um único pedaço enquanto morre por dentro. Um gordo de dieta é ainda mais gordo, porque sua falsa moderação acusa o seu descontrole. Veste o cone da vergonha sobre a cabeça e com os olhos implora aos outros que o ajudem a transgredir.

 Apesar da resistência, entrei em contato com a Lia. Por que fiz isso? Pela novidade, talvez. E porque sabia que em algum momento o pique inicial do regime não se converteria naquilo que chamavam, entre um bocejo e outro, de "reeducação alimentar", uma ficção para quem sabe que a comida é puro afeto. Comer é como voltar ao seio familiar, ao conforto dos excessos dos domingos. É retornar à adolescência livre de responsabilidades ou provações cotidianas. Mudar o meu jeito de encarar a comida parecia tão difícil quanto arrancar a minha coluna vertebral e enxertá-la novamente. Parecia daquelas quimeras pseudocientíficas que se ouvem por aí — drenagem linfática, reestruturação genética, programação neurolinguística —, de nomes tão pomposos quanto duvidosos.

 A consulta não foi nada do que poderia imaginar. Meu primeiro encontro com a Lia foi em sua clínica particular, numa rua pequena e arborizada do bairro de Pinheiros. Seria a nossa primeira e única sessão presencial, porque dali em diante eu seguiria viagem e teríamos de continuar pela via remota. Ela preencheu uma ficha na tela do computador. Pesou-me numa balança clássica de consultório, em que você arrasta a barra das dezenas embaixo e das unidades em cima. Setenta e sete quilos. Eu tinha perdido quatro desde que iniciara a dieta da proteína.

 "Pare de contar calorias", ela me disse. "E mais. Você só vai continuar emagrecendo se abandonar a dieta."

3. A dieta de engorda

Parecia mesmo um enigma insolúvel o fato de que falássemos tanto de dietas nos almoços de domingo, de como isso faz bem, aquilo faz mal, e com tanta informação disponível, tanta obsessão pelo tema, continuássemos obesos. Sabíamos que o azeite fazia bem, que as fibras ajudavam na digestão, e nossas prateleiras dispunham de uma variedade de barrinhas multicoloridas. Os peixes têm ômega-3 — toda semana comíamos um filé empanado — e agora os ovos também. Pele de galinha é um veneno; a gordura da picanha, idem. O café faz bem quando fresco, depois começa a produzir toxinas (e por fixar-me a esse dado, que li alguma vez em algum lugar, nunca tomei café das garrafas térmicas de restaurantes a quilo). O importante é equilibrar proteínas e carboidratos. E salada, para as fibras. Contabilizávamos os exercícios, celebrando a queima de 450 calorias em uma sessão de corrida, o que significava que agora eu poderia tomar três latinhas de cerveja sem culpa.

Soava no mínimo curioso que outras culturas, que pareciam desfrutar mais da comida que nós, fossem mais magras, saudáveis e longevas. No palavreado nutricionista, é o caso do "paradoxo francês". Os franceses comem um bocado de gordura, bebem vinho, baguetes, sobremesas recheadas de creme e continuam longilíneos. Como é possível? E, ao lado dos franceses, também havia os japoneses, pelos quais eu nutria um interesse particular. Mas esses ao menos levavam uma dieta quase que exclusivamente de algas, nabos e rabanetes, arroz e peixe cru. Era o que pensava antes da viagem à Ásia. Foi quando conhecemos a ilha que pude vê-los como outro verdadeiro paradoxo: os japoneses adoravam frituras de imersão. Sushis e sashimis não eram a sua comida cotidiana. O arroz branco (carboidrato puro) era comum no café da manhã nipônico. Esbaldavam-se na sopa salgada e gordurosa com *ramen*, servidos em estabelecimentos tradicionais. Por cima, bebiam e fumavam tanto quanto os portugueses ou os chineses (quem foi que disse que os japoneses careciam de uma enzima responsável pela digestão do álcool? Ela parecia abundante nos becos de Tóquio). E, no entanto, eram das culturas mais longevas e saudáveis de que se tinha notícia. Já nós, brasileiros do Sudeste, comportávamo-nos mais como os estadunidenses, que parecem sempre ocupados e preocupados com dietas restritivas, digladiando os macro e micronutrientes e, não obstante, têm enfrentado a sua epidemia de obesidade e doenças derivadas: diabetes, disfunções coronarianas, AVC, câncer, hipertensão, varizes, úlceras, hemorroidas, cáries, apendicites e diverticulites. Parte dessas doenças representava quase a metade das causas de morte da população ocidental. Como é que nós, que sabíamos tanto acerca dos nutrientes e contabilizávamos tudo o que estávamos comendo, como podíamos estar tão doentes?

Antes da conversa com a Lia, a minha hipótese era uma só: sorte e genética. Os corpos são muito diferentes uns dos outros. Talvez os nipônicos e os franceses pertençam a linhagens mais aptas à queima calórica, com um metabolismo mais preparado para um volume maior de comida. Mas isso não explica como que povos originários de lugares tão distantes entre si quanto os mundurucus do Brasil ou os aborígenes da Austrália, quando submetidos ao estilo de vida ocidental, apresentassem taxas equivalentes ou superiores às ocidentais de doenças como hipertensão e diabetes. Haveria algo em nosso estilo de vida — e me parece que a alimentação representa um papel importante nesse estilo — que resulte em corpos frágeis e cronificados.

"Pare de contar calorias", a Lia me disse. "Não é assim que funciona. As calorias são uma unidade mensurável em uma entidade muito complexa. Cada alimento tem muito mais que calorias, é muito mais que um carboidrato ou uma proteína. O modo como você absorve essas calorias depende de um contexto alimentar, do jeito que você come, de toda uma cultura."

O que você come para emagrecer? ela quis saber. Adoçantes? Os adoçantes, por serem mais doces que o próprio açúcar, acostumam o paladar a alimentos extremamente calóricos. O aspartame, por exemplo, é duzentas vezes mais doce que a sacarose. Se você se vale de adoçantes, a chance é a de que, em um deslize qualquer, coma muito mais e opte por comidas com índices mais elevados de açúcar. Isso porque o paladar fica dependente das sensações adocicadas, ao mesmo tempo em que, com o excesso perceptivo dos adoçantes, o organismo perde parte do paladar e exige mais para sentir-se saciado. Há um segundo problema: a sacarina, a sucralose e a estévia alteram a microbiota intestinal, essa sim fundamental na regulação do metabolismo e responsável pela absorção equilibrada de nutrientes e calorias pelo corpo.

E o que mais? Leite desnatado? O leite desnatado já serviu de alimento aos porcos para estimular o crescimento e engordá-los mais rápido, você sabia? Ele não oferece a mesma sensação de saciedade que o leite integral e estimula a comer mais. O mesmo se aplica aos produtos derivados do leite, como queijo e iogurte. Além disso, quando se retira a gordura do leite, os produtores são obrigados a incluir certos aditivos para conservar — em vão, me parece — a cremosidade que costumamos associar ao produto, como o leite em pó, que é uma forma de colesterol oxidado. Sem gordura, o corpo tem dificuldade de absorver as suas vitaminas naturais. Para responder a essa preferência por um produto *light*, os produtores também optam por espécies de vacas leiteiras cujo leite é mais magro, mas também mais pobre em nutrientes, como as vacas holandesas, no lugar das de tipo Jersey ou o Pardo Suíço, por exemplo. Alguns estudos, com milhares de homens, mulheres e crianças como sujeitos, associam o consumo moderado de leite integral à perda de peso, e inversamente, o consumo de leite desnatado a ganho de peso.

    O que você corta numa dieta? A cerveja, o vinho? Você sabe que o álcool está associado à boa alimentação, e que as pessoas que bebem com moderação e regularidade têm menos infartos e doenças de coração que os abstêmios? Dê preferência ao vinho, ainda que todo o tipo de bebida alcoólica faça bem. O que significa moderação? Um cálice para as mulheres, dois cálices diários para os homens, de preferência com algo no estômago. Lá estão os gregos e os franceses, que não nos deixam mentir.

    E o que mais você corta? A gordura? A princípio, faria sentido: cada grama de gordura tem o dobro das calorias do grama de carboidrato. Mas o combate à gordura tem história, e ela não acaba bem. A hipótese lipídica, que vilanizou a pele da galinha, a banha do porco e até o pobre abacate, caiu por terra há vinte anos com uma série de pesquisas consistentes. Não existe relação entre a gordura na dieta e o colesterol no sangue, e o que se viu é que quando suprimimos algo na alimentação, colocamos outra coisa no lugar. E é ponto pacífico que substituir gordura por carboidratos faz engordar. Foi a campanha massiva da hipótese lipídica que incentivou as famílias a trocarem a manteiga por margarina, introduzindo uma variável muito mais mortífera, que é a gordura trans. E o que a nutrição veio descobrir em seguida? Que a margarina está relacionada a problemas de peso, maior probabilidade de câncer, transtornos no metabolismo e disfunções imunológicas. A carência de gordura na dieta inibe a absorção das vitaminas, que deixam de penetrar nas células. E não só elas: a estrutura da parede celular é constituída em grande parte de gordura, influenciando na permeabilidade a tudo, dos hormônios às toxinas.

Mas e as calorias? quis saber. Não é verdade que se como menos calorias, emagreço? Tenho 77 quilos, quero chegar aos setenta. É bastante coisa, mas lutar para emagrecer não me tornará mais saudável? Não seria melhor eu emagrecer logo, cortar tudo o que é possível e depois buscar uma dieta equilibrada? Se queimo 2.000 calorias em um dia e como apenas 1.500, não vou perder peso?

Aquilo me soava a uma equação matemática simples. E a Lia, que me parecia daquelas pessoas que disfarçam na calma a própria impaciência, repetia algo que ela sabia há muito tempo: que não se reduz a comida a calorias ou a macronutrientes. Que não se pode retirar o alimento do contexto da refeição; a refeição, do modo como comemos; e o modo como comemos, da cultura em que estamos. Ao fim da consulta, me recomendou a leitura de um punhado de livros, que eu buscaria com a avidez do sujeito aturdido pela carga de desilusão após décadas de inverdades consumidas e reproduzidas sem comedimento. Os livros me ajudaram a sedimentar a confusão que se sente ao escutar uma novidade muito revolucionária.

Uma pizza amanhecida tem "menos" calorias que uma pizza que acaba de chegar da pizzaria. Isso significa que, a depender do tempo em que foi preparada, as calorias de um alimento podem ser mais ou menos absorvidas pelo organismo. Uma rosquinha com manteiga de amendoim tem as suas calorias absorvidas mais lentamente em razão da gordura e da alta quantidade de proteína da manteiga, porque atenuam a resposta da insulina. Isso significa que, na prática, uma rosquinha solitária é mais "gorda" do que a sua contraparte cremosa. O mesmo se aplica à sobremesa: ela será menos calórica ao final da refeição do que se eu beliscar o mesmo doce duas horas depois, no meio da tarde.

A biodisponibilidade afetava outras relações alimentares: tome um café com o seu filé mignon e você não absorverá plenamente o ferro da carne. O azeite de oliva torna o licopeno dos tomates disponível para o organismo. Existe uma conversa ativa entre os alimentos, que deixa a equação mais complexa do que um jogo de adição e subtração.

Como devo proceder, então?

Você precisa retornar ao corpo. Parar de se pesar. Parar agora de fazer regime. Voltar-se para a propriocepção, perceber quando se sente saciado, entender a fome e a saciedade. Você já fez tantas dietas ao longo da vida que já não se baseia mais nestas sensações. Por exemplo, perguntou, me diga: quando você costuma parar de comer? Quando é que dá uma refeição por terminada?

— Quando eu raspo o prato — respondi.
— Quem serve o seu prato?
— Depende. Às vezes, sou eu. E às vezes, é claro, o próprio restaurante que determina a porção.
— Você nunca para antes de terminar o prato?
— Muito raramente. Só quando estou bem cheio.
— E com que frequência você costuma sentir-se cheio?
— Ah, bastante.
— Quantas vezes por semana?
Pensei um pouco.
— Umas quatro vezes —, respondi. — É bastante.
— Você vê? O peso, as calorias, as metas de emagrecimento. Tudo isso são números. Isso tudo o alienou da relação com o próprio corpo. Você já nem sabe mais quando deve parar, porque a informação que recebe para isso é externa. O corpo precisa implorar para que você pare. E informações externas podem ser manipuladas

por interesses que não sejam os seus. Você não está mais prestando atenção. E as comidas que encontramos nos supermercados — lasanhas congeladas, batatas fritas de pacote, pão de fôrma supostamente integral e enxertado de vitaminas sintéticas — são produtos elaborados em laboratório que se fazem passar por comida. Suas cores, suas quantidades altas de calorias vazias, suas combinações de sal, gordura e açúcar são criadas para confundir a sua fome, para resolver um problema da indústria de alimentos, que é a do estômago fixo; cada sujeito pode comer apenas uma certa quantidade por dia, ao passo que as metas empresariais por lucro são sempre crescentes. Se você quer ficar contente com o seu corpo, não terá apenas de retornar a ele, mas também entender melhor a comida que come. Voltar a comer comida. E o que é mais importante: você vai ter de entender o que significa moderação.

Porém, teríamos de voltar um pouco. A coisa era mais grave do que eu pensava. Não envolvia apenas a minha dieta, mas o modo como a sociedade globalizada lidava com isso. Costumamos ouvir que, se você quiser comer uma salsicha, é melhor não saber como foi feita. Em breve, descobriria que a noção escapava à categoria dos embutidos. E a verdade era brutal.

4. Um deserto com anabolizantes

Na tarde do dia 4 de agosto de 2020, uma imensa coluna de fumaça pôde ser avistada de praticamente todas os bairros de Beirute. Os moradores dos edifícios próximos confirmaram, antes do anúncio nos noticiários, que o incêndio provinha da zona portuária da cidade, mais especificamente de um dos galpões. Nas múltiplas imagens gravadas por celular, captadas do alto, da calçada, das embarcações, era possível reconhecer que, em meio às labaredas e à fumaça, espocavam fagulhas irregulares, o que a princípio provocou a suspeita de que teriam sido fogos de artifício que deflagraram o incidente. Mas então, quinze minutos após o início do incêndio, a cidade inteira sentiu a explosão. Nos vídeos gravados, a cena se assemelha à ignição de uma bomba atômica: edifícios mais cercanos desfazendo-se para o alto, dissolvendo-se em poeira, a coluna de fumaça agora vermelho-terra assumindo uma forma arredondada enquanto uma nuvem circular se expandia horizontalmente, logo ultrapassada por um golpe violento de ar, um choque súbito de pressão atmosférica engolfando a paisagem urbana, estilhaçando vidraças, erguendo telhados de argila e de zinco. E então, o baque da explosão foi substituído pelo som dos alarmes dos automóveis e os gemidos aturdidos dos feridos. Quando a poeira baixou, revelou-se a paisagem de corpos, vigas descobertas, terra e sangue.

Às vítimas diárias da pandemia na capital libanesa, somaram-se mais de duzentos mortos no acidente, uma centena de desaparecidos e sete mil feridos. A explosão foi equivalente a um terremoto de 3,3 graus na escala Richter, destruindo as construções em um raio de 250 metros, danificando edifícios dentro de até dois quilômetros do porto da cidade. A explosão foi ouvida no Chipre, a uma distância de 240 quilômetros de Beirute.

Se somos o que comemos — e mais, se somos aquilo que comeram o que comemos —, a substância que explodiu em 4 de agosto em Beirute é um ingrediente importante da nossa alimentação pelo menos desde o fim da Segunda Guerra, além de ser um dos índices da pobreza nutricional do solo e, por consequência, da simplificação química e biológica do nosso cardápio cotidiano. Tratava-se de nitrato de amônio, 2.750 toneladas apreendidas de um cargueiro moldavo anos antes e que ficara armazenado no porto em consequência de uma combinação de imbróglio legal e letargia burocrática, praticamente esquecido em quarenta sacas de náilon naquele galpão em Beirute, até o momento em que alguns estivadores desavisados foram incumbidos de soldar um dos portões do galpão.

Era por conta do nitrato de amônio que eu precisava falar com o meu pai, para dizer que era louvável que ele continuasse jantando uma maçã todas as noites, mas que havia algumas coisas que talvez devesse saber. É muito improvável que fizesse caso, porque causalidades complexas são difíceis de explicar e digerir. Mas eu queria ao menos tentar dizer a ele que seria preciso comer umas três maçãs se quisesse ingerir os nutrientes de uma maçã de verdade. Isso mesmo: que a maçã dos supermercados em 2021 equivalia a um terço da maçã que nossos avós comiam em 1950.

A história começa um pouco antes, no século XIX, no laboratório de Justus von Liebig, inventor alemão e um dos fundadores da química orgânica. Liebig postulou que as substâncias químicas que compõem um solo fértil não passam de três: o nitrogênio, o fósforo e o potássio, sintetizados pela sigla NPK, hoje consagrada como o principal fertilizante utilizado na agricultura industrial em todo o mundo. Os macronutrientes do solo correspondiam, de algum modo, àquilo que algumas décadas antes havia sido identificado como os macronutrientes dos alimentos pelo químico inglês William Prout: carboidrato, proteína e a gordura, termos que hoje enchem a boca dos nutricionistas.

Esses macronutrientes eram os fertilizantes do organismo humano, ao passo que o NPK era a comida das plantações.

A simplificação excessiva não resultou em consequências práticas muito eficazes. Uma alimentação que considerasse apenas a inclusão de carboidrato, proteína e gordura não bastou para proteger os marinheiros das doenças da inanição e os recém-nascidos da anemia. O passo seguinte do nutricionismo veio em 1912, quando Casimir Funk isolou pela primeira vez os micronutrientes dos alimentos e conseguiu sintetizá-los em laboratório. Para além dos macronutrientes — carboidratos, gordura e proteína —, descobria-se o campo dos micronutrientes — as vitaminas. Conforme perceberam que elas curavam o escorbuto e o beribéri quase da noite para o dia, isso foi o suficiente para que os alimentos ganhassem novos nomes, e a nutrição se alçasse à categoria de ciência independente.

Mas o solo é mais que a tríade de Liebig — e a comida, mais que micro ou macronutrientes. Quando alimentavam o solo apenas com fertilizantes, os cientistas ignoravam a ecologia microscópica de bactérias e fungos e seguiam o princípio de que tudo o que havia era o que podiam identificar. A premissa do nutricionismo, ideologia que pauta agricultores, cientistas e a indústria, é que os alimentos não passam da soma de seus nutrientes e que os nutrientes são aqueles que os experimentos conseguem identificar. Essa premissa tem se provado falsa e infrutífera. Aos poucos, reconhece-se que existe algo chamado sinergia alimentar — um imbricamento multívoco, avesso a simples correlações — e que a nutrição sabe muito menos do que está disposta a reconhecer.

Tomemos uma maçã Fuji, colhida nas safras de 1994 e 1995, cultivada na região de Friburgo, em Santa Catarina. Se considerarmos apenas os compostos voláteis (que possuem carbono na composição e são responsáveis pelo sabor e aroma da fruta), descobrimos uma variedade de 84 elementos: butanoato de metila, acetato de isobutil, 2-metil butanoato de metila, hexanal, butanoato de etila, acetato de amila, valerato de etila, octanoato de isoamila, hexanoato de hexila, dentre dezenas de outros termos herméticos. No bagaço de uma maçã Gala, ao procurar e identificar ácidos fenólicos em busca de suas propriedades antioxidantes, um estudo encontrou ácidos salicílicos, cinâmicos, vanílicos, p-cumáricos, gálicos, propilgalatos, ferúlicos, cafeicos, sinápticos e elágicos. E esses são apenas os elementos que a ciência do nosso tempo é capaz de detectar — e não há ainda a mínima noção de como se integram para que uma mordida de maçã seja benéfica ao nosso organismo. Um dos elementos pode inibir uma toxina ou estimular a atividade de alguma bactéria presente na biota intestinal. Ainda não sabemos. Aos olhos da indústria, as maçãs são unidades idênticas. Mas se observarmos a sua composição invisível, veremos que até mesmo as frutas têm crescido mais pobres quando alimentadas com a sumária tríade de macronutrientes descoberta por Liebig — e muitas vezes as mais vermelhas e gordas são as mais anêmicas de todas.

    O nitrato de amônio que explodiu em Beirute exerce um papel importante nessa história. Trata-se de um sal, resultado da fixação artificial do nitrogênio. Não fosse por ele, a população humana jamais teria chegado aos bilhões. Se dependêssemos apenas da natureza para fixar o nitrogênio no solo, a indústria de alimentos não teria vicejado como o fez nos últimos cem anos. O seu surgimento remonta à Primeira Guerra, a um tempo em que o nitrato era retirado do solo e sua função se restringia à fabricação de explosivos. Na época, a Alemanha importava nitrato do Chile. A Grã-Bretanha suprimiu o trânsito comercial entre os dois países, para tentar sufocar a produção armamentista do país. Como consequência, um sujeito chamado Fritz Haber, a serviço dos alemães, conseguiu desenvolver o nitrogênio sintético para não terem de depender das importações. É o mesmo cientista que inventou o gás que seria depois utilizado nas câmaras de extermínio nazistas.

    Mais tarde, em 1947, com incentivo do governo, uma fábrica de munição no Alabama adaptou sua linha de produção para aproveitar os insumos excedentes da Segunda Guerra. Foi o início do uso massivo do nitrato de amônio nas plantações de milho dos Estados Unidos.

Levou pouco tempo para a prática se disseminar nas produções agrícolas do mundo todo — esta substância que servia exclusivamente para explodir pessoas aumentou de modo exponencial a fertilidade do solo. (Não à toa, uma quantidade imensa do explosivo se encontrava num porto em Beirute. Afinal, aquilo não passava de adubo químico, e está por toda a parte.) As moléculas de um alimento têm história. E ela pode ser resumida nas palavras recorrentes da ativista e agricultora indiana Vandana Shiva: "Ainda estamos comendo as sobras da Segunda Guerra."

Este e outros fertilizantes ajudaram a cultivar os grãos em intervalos menores de terra. Os produtores viram como as plantas cresciam mais rápido e os alimentos, ainda que anêmicos, possuíam uma aparência mais exuberante. Antes obrigada a descansar entre uma safra e outra para continuar fértil, a terra onde se cultivava uma diversidade de culturas absorveu a "vitamina" necessária para a monocultura. Não importava que o fertilizante dizimasse o bioma orgânico, o húmus do solo, com seus fungos e micróbios, seus diversificados nutrientes, materiais decompostos e sua complexa e indecifrada vida microscópica. Era indiferente que a terra por debaixo das espigas não passasse de um deserto injetado de anabolizantes. O que importa é que o preço do grão fosse reduzido a valores competitivos.

Dentre as muitas consequências funestas do nitrato de amônio, esse excesso de nitrogênio é levado pelas chuvas, deságua no mar, estimula o crescimento desenfreado de algas, asfixia os peixes e cria zonas mortas no oceano. Para ser fixada, a substância exige o emprego de pressão e de calor em combinação com um agente catalizador, supridos por combustíveis fósseis. Para cada acre de milho industrial, por exemplo, são queimados cinquenta galões de combustível apenas na produção do nitrato.

5. As três saciedades

A caminho da Ásia, passamos alguns dias em Lisboa, terra do azeite e do bacalhau, da açorda de camarão e dos pasteizinhos dos conventos. Relutante, abandonava o tão bem-sucedido regime, não sem alívio em saber que eu poderia desfrutar sem remorso daquela cornucópia, um quitute feito de massa crocante, gema e açúcar, um tesouro inventado pela escola gastronômica dos monges de Alcobaça apenas para o deleite de meu paladar impaciente. Com a boca cheia, meu ceticismo acerca daquela liberalidade alimentar era tão grande quanto o meu entusiasmo.

Nenhuma refeição poderia ser desperdiçada num país com uma culinária daquelas. Tínhamos de programar muito bem os almoços e jantares antes de embarcar para a Ásia. Um prato típico devia ser tratado como um monumento ou uma atração turística. Não se visita Lisboa sem conhecer o castelo de São Jorge. Do mesmo modo, não se passa por lá sem bicar uma dose de ginja e morder um pastel de bacalhau. Havia cálculo em nossa orgia. E não deixamos de aproveitar: bacalhau com natas, porco à Alentejana, alheira de Mirandela, sardinhas assadas, caldo verde, arroz de pato, acompanhados todos de cálices de xerez, moscatel ou vinho tinto, e os muitos quitutes, como a torta de Azeitão, os ovos moles de Aveiro, as queijadas de Sintra, que tão bem caíam com um café amargo depois do almoço ou num despretensioso lanchinho da tarde ao lado dos nossos primos lusitanos.

Moderação. Um dos livros que a minha nutricionista indicara se chamava *The joy of half a cookie*, de Jean Kristeller, professora aposentada do departamento de Psicologia Clínica da Universidade de Yale. Confesso que o título do livro me pareceu uma ironia. "A alegria de meio biscoito", ou, numa tradução menos literal, "O prazer em comer apenas meio biscoito". Ainda que o *cookie* gringo tenha o dobro do diâmetro do nosso biscoito de pacote, a ideia de comer meio biscoito parecia uma aberração. Quem é capaz de comer apenas meio biscoito? Um biscoito era feito para ser comido por inteiro e de uma vez. Do começo ao fim, pescando com o dedo as migalhas sobre a mesa. Ofereça meio biscoito a alguém da minha família e ela tomará como ofensa.

Mas daí eu me lembrei daquela primeira consulta, em que a Lia, minha nutricionista, mencionara que a porção é uma entidade arbitrária e que eu devia procurar entender qual era a minha medida, e não o que estavam dispostos a me oferecer. E me lembrei das vezes em que pedi uma coisa e me trouxeram outra. Na minha primeira semana em Buenos Aires, por exemplo, quando fui a pé até um bar milongueiro no bairro de Almagro. Estava sozinho; o bar, vazio, apesar do adiantado da hora. Sentei-me e pedi uma cerveja. O atendente disse pois não, e me trouxe uma Quilmes de um litro. Um litro de cerveja? Estava acostumado aos 660 ml das garrafas brasileiras, e um litro parecia uma porção muito grande para ser trazida de uma só vez para uma única pessoa. As pessoas não bebem sozinhas por aqui? Ia perguntar se não tinham uma garrafa menor, mas os gestos velozes do *camarero* não permitiram que eu articulasse uma reação em língua estrangeira antes do som característico do gás escapando pela abertura da garrafa. Em Berlim, alguns anos depois, minha expectativa se acostumou às garrafas de meio litro, que as pessoas tomavam como se fossem uma *long neck*, direto no gargalo e sem necessidade de copo, porque lá muita gente comprava suas cervejas nos Späts, as lojas de conveniência, e as levava para beber em parques ou sentados na calçada, e, pelo mesmo motivo, talvez os 330 ml tradicionais fossem pouco para alguém que deseja passar um tempo no parque. Um país mais frio e com cerveja de alta qualidade não precisaria se preocupar tanto com a bebida alguns graus mais morna e com um pouco menos de gás.

  Meio biscoito. Será que algum dia eu seria capaz de comer meio biscoito, de deixar a outra metade para depois? Os franceses devem comer meio biscoito. Devem comer um quarto de biscoito. E por isso podem comer qualquer coisa. Claro, é esse o segredo. Mas então por que isso me soava esnobe e aristocrático? Recordo de um amigo que sempre me lembrara, não sem certa aflição, a mim mesmo. A vida dele podia ser dividida em duas. Havia o Alberto solar: franco, gentil, falante, tranquilo — e obeso. E havia o outro Alberto, o vampiresco, obcecado pelo projeto de emagrecer, de tornar-se o homem que queria ser e cumprir com o seu projeto próprio de virilidade. Neste tempo, ele se dedicava ao fisiculturismo e aparecia a cada tantos meses com uma tatuagem no braço, preenchendo-o aos poucos com tigres, dragões e *pin-ups*. Em uma mesa de bar, às vezes o flagrava com o queixo tenso de um modelo que posa para um retrato, a expressão heroica e solipsista, o olhar além, como se sempre o estivessem observando e não pudesse baixar a guarda. Nele, até a distração era performática. Recusava qualquer coisa que lhe oferecíamos, pedia água com gás e às vezes retirava um Polenguinho furtivo do bolso e o emborcava num movimento de braço e dois de mandíbula. Alberto perdia peso rapidamente nesse estágio, passava as tardes na academia, colecionava mulheres muito jovens e praticava abordagens e flertes no espelho. O projeto de Alberto, imaginávamos, era uma ambição de felicidade, mas quem o visse poderia jurar que estava diante de uma pessoa muito infeliz, descontente e inconcilidada com a própria sombra. Sufocando a sua versão obesa, Alberto almejava um controle total sobre a vida. E, no entanto, a conduta estereotipada parecia responder a cada segundo à ameaça insidiosa e permanente da falta de controle. Mesmo que eu também tivesse um comportamento meio bipolar, me pegava mordendo a língua enquanto sugeria a ele um caminho intermediário, um equilíbrio entre os dois Albertos. Mas não havia equilíbrio, ele dizia. Eram dois homens completamente distintos. Quando começava a comer, não conseguia parar. E, portanto, decidia abdicar dos prazeres menores, infantis, orais, em nome de outros, adultos e fálicos, que mais condiziam com a imagem que pretendia de si mesmo. Para ele, eram vinte biscoitos ou nenhum.

Meio biscoito. E se o biscoito fosse do tamanho de um prato grande? E se eu não tivesse a mínima fome, e apenas desejasse experimentá-lo? E se fosse um biscoito murcho e rançoso? Eu continuaria comendo um biscoito inteiro?

Naquela semana em Portugal, a partir das propostas do livro de Kristeller, aproveitei uma ocasião solitária e me submeti a um experimento. Minha namorada tinha uma reunião numa universidade, um compromisso que lhe tomaria uma ou duas horas. Com as pernas cansadas dos passeios turísticos, resolvi esperar por ela em um café na companhia de um livro. Fazia uma tarde fria de início de primavera, e optei por me sentar no interior de um estabelecimento envidraçado que dividia o espaço do café com uma floricultura. Para permanecer em um lugar como aquele, é preciso pedir alguma coisa. E como não tinha muita fome, e não sabia muito bem quanto tempo teria de aguardar, achei que seria a ocasião perfeita para o experimento.

Era um desafio simples. Consistia em comer alguma coisa de sabor elementar, não condimentada e textura homogênea. Os pasteizinhos de Belém, por exemplo, não pareciam recomendáveis. Você dá uma mordida, o produto derrete na boca e o obriga a comer mais rápido. Em dez segundos, desaparece e já deixa saudades. Além disso, sua consistência não tinha nada de homogênea: feito de uma massa crocante e a base mais macia, o recheio adocicado de ovos impregnava a composição, cuja doçura era atenuada pela canela, o limão e o creme de leite. Tratava-se de um sabor complexo.

Seria preciso algo mais, digamos, banal. E eu não poderia estar com muita fome, ocasião em que somos vorazes demais para conhecer a comida. Abri o cardápio à procura de um *cookie*, por inspiração do livro que estava lendo. O mais próximo que encontrei foi um *muffin*, uma boa opção. Afinal, não morria de amores por bolinhos como aquele.

Ao lado do café expresso com leite, a atendente pousou sobre a mesa o prato com um *muffin* muito bonito — de um dourado escuro, a massa fresca deixando entrever as gotas arroxeadas do mirtilo. Na superfície, uma farofa doce, visivelmente crocante. Feita, ao que parecia, de manteiga e algum tipo de farinha de amêndoas.

Qual era a proposta? Comer devagar. Só isso. Cheirar a comida, sem constranger os atendentes, é claro, mas estar atento, manter o bolinho na boca mais tempo que o de costume, tentar reconhecer os ingredientes. Havia sal na receita? Nozes? O mirtilo estaria mais para o azedo ou para o doce? Mais consistente ou aguado? Quão fresco era o doce? Teria sido feito naquele dia ou na véspera?

Pode parecer bobo, mas para alguém como eu era um lance revolucionário. Nunca tinha feito do ato de comer um ritual. Quando comia, só fazia outra coisa depois que acabasse com aquilo. Por isso, pareceu muito pouco natural quando, depois da primeira mordida, pousei o *muffin* de volta no prato e tentei me entreter com um livro. A tendência seria a de dar a segunda mordida, a terceira, e o segredo era tentar me esquecer de que tinha um doce na minha frente.

Ergui a vista. Os floristas, um casal jovem e risonho, eram brasileiros. Falavam baixo, mas pude identificar o sotaque. Sobre a língua, o bocado derretia, devagar, deixando um gosto forte de baunilha. Lá fora, as pessoas pareciam andar com uma calma curiosa aos olhos de um latino-americano cultivado numa metrópole de treze milhões de habitantes. Tentei me concentrar no livro, sentindo o perfume combinado das tulipas, rosas e girassóis.

O segundo encontro com a Lia fora na véspera, e ela havia me esclarecido sobre três sensações típicas de saciedade — e inversamente, três manifestações características da fome. A primeira expressão de saciedade se dava no paladar. Naquele primeiro bocado as papilas estão despertas e o prazer é maior. Eu deveria reparar, sempre que comesse, que o quinto bocado já não pareceria tão apetitoso quanto o primeiro. O paladar embotava depois de um tempo. Essa é uma das razões de se ter uma refeição com mais de um item, em que o sabor de um prato neutralize o do prato anterior. Era também uma das bases da drogadição: o primeiro cigarro, o primeiro trago, são sempre mais prazerosos. E o gesto compulsivo estaria na busca daquele sabor perdido, de uma sensação que vencesse o embotamento. A sensação final não era mais a do gozo, mas a da repulsa, do enfastio. Seria preciso resgatar o conhecimento de que, para usufruir um prazer sensorial, temos de aceitar que em algum momento ele vai desaparecer. Aceitar a sua impermanência e parar a tempo.

 A segunda mordida no *muffin* eu fui dar dez minutos após a primeira, cronometrados no relógio. Os atendentes não tinham pressa para que eu saísse dali. Ninguém me apurava e tampouco estranhava a minha vagarosa deglutição. Desta vez, percebi como o mirtilo jogava com o sabor adocicado da massa, tentando quebrar a tendência enjoativa do doce. O bolo tendia a se tornar uma substância pastosa dentro da boca, enquanto o mirtilo, mais líquido, ajudava a diluir, num sabor claro, ágil, a lentidão da farinha.

A segunda saciedade era a do estômago, talvez a mais evidente para os que, como eu, passam facilmente dos limites. A saciedade vinha depois do sentimento de estar cheio: tratava-se de uma leve pressão abdominal, a consciência de que o estômago já está preenchido. Enquanto dava a terceira e a quarta mordida no *muffin*, a cada tantas páginas de meu livro, procurava perceber se aquela sensação aparecia. Era difícil saber, porque eu não estava com fome — havia comido muito bem duas horas antes. O café era sempre bem-vindo, em especial naqueles últimos dias de inverno. Mas o bolo não tinha tanta graça. Para falar a verdade, agora que prestava atenção, de fato, o estômago começara a dar sinais mais claros uns vinte minutos depois do primeiro pedaço. E talvez por isso, a quinta mordida fosse desnecessária. Ademais, aconteceu algo estranho. O sabor de baunilha começava a me enjoar. Entre uma mordida e outra, era como se eu mantivesse a memória daquele paladar. E quando o reencontrava na mordida, achava-o excessivo. Muita baunilha.

Uma hora passou rápido. A leitura, o clima despojado do café-floricultura, a placidez daquele dia frio e a ausência de compromissos me deixaram num estado de leveza e tranquilidade. Quando me dei conta, não queria mais comer. Tinha esquecido do bolinho que, meio despedaçado sobre o prato, já não parecia tão atraente. Sentia plenamente a terceira forma de saciedade: a sensação de bem-estar, de satisfação que se dá com o aumento do nível de açúcar no sangue. Era sua ausência, justamente, que produzia um dos efeitos mais angustiantes da fome: a urgência, a irritabilidade. A nutricionista tentava me mostrar que esse sentimento passava nos primeiros bocados. Não era preciso ter pressa. Era uma questão de tempo: o corpo levava aqueles vinte minutos para informar o cérebro de que os nutrientes haviam sido absorvidos pelo organismo. Mais um dos motivos para acostumar-se à ponderação. Aquele exercício consistia no movimento oposto ao do comer compulsivo. O caso daquele balde de pipoca amanteigada que se leva para dentro de uma sala de cinema. A pipoca não tem muito gosto — é uma esponja que absorve o sal e a gordura. Mesmo assim, quando o pacote está cheio, ela é uma delícia. E os grãos estourados do fundo do pacote são sempre rançosos, ainda que seja a mesma pipoca, só um pouco mais fria. Muitas vezes, quando comemos muito e de maneira desatenta, nos sentimos insatisfeitos, emocionalmente vazios, mas ainda assim estufados.

Ergui os olhos, atraído pelo aceno de minha companheira, que esperava do lado de fora. Levantei, guardei o celular e o livro na mochila. Estava prestes a me retirar da mesa quando vi um pequeno pedaço do *muffin* que havia sobrado em cima do prato ao lado da xícara vazia. A baunilha daquele bolo ficaria comigo por dias. Era como se eu tivesse comido três ou quatro daqueles.

Mesmo assim, num rápido intervalo, cometi a decisão automática, lapidada por décadas de inércia. Abri a boca e resolvi o dilema em algumas mordidas. Empurrei a porta de vidro, o frio atingindo-me o rosto.

6. As regras e os princípios

As regras da antidieta eram mais simples do que qualquer procedimento para emagrecer que eu experimentara até então. Não envolvia suplementos, aplicativos ou rituais. Nada de alimentar-se de três em três horas ou de tomar uma limonada em jejum. Dispensava a conversa sobre superalimentos, revelações científicas milagrosas e a ciência das mitocôndrias. Em essência: eu deveria comer quando tivesse fome. Não me preocupar com um deslize ocasional. Não sentir culpa em comer. Não havia comida proibida ou obrigatória. Eu precisava desconstruir a percepção da comida como uma combinação de nutrientes, porque um alimento é mais do que a soma de seus elementos. Parar de contar calorias. E fazer o movimento reverso da dieta ocidental e do estilo moderno de comer.

Na dúvida, deveria recorrer à tradição gastronômica e não aos cientistas do nutricionismo. Passar longe das invencionices e modismos. Não havia segredo: o arroz com feijão, a mandioca cozida com carne seca, o tomate com azeite e outras tantas combinações eram a sabedoria da cultura, reuniões alimentares perfeitas que resistiram à prova do tempo. Eu deveria fugir dos alimentos processados ou ultraprocessados. Qualquer coisa com mais de cinco ingredientes na embalagem deveria ser deixada de lado. Pães de fôrma de supermercado não são pães. Barrinhas de cereal não são naturais, tampouco saudáveis. Em vez disso, ficava com a recomendação de buscar a comida das zonas periféricas dos supermercados e não dos corredores centrais: a seção dos hortifrútis, os produtos que não vêm em embalagens que ufanam suas qualidades nutricionais. Quanto mais *in natura* a comida, melhor. Leite? Integral, e daqueles que estragam depois de cinco dias. Aliás, passar longe das comidas que não estragam.

E voltar à cozinha: quando se prepara o próprio alimento, come-se menos. Estabelece-se outra relação com a comida. Não havia nada de prático nisso, e nem era para haver. Significava recusar qualquer tipo de solução comercial ou falsa conveniência, como a pizza congelada e o macarrão instantâneo. Esses produtos eram combinações nocivas de ingredientes sintéticos ausentes em qualquer cozinha doméstica. Gastar tempo na cozinha implicava uma investida antialienante. A atenção às práticas e processos elementares da vida, um silêncio meditativo, recuperar a depuração dos cinco sentidos numa relação cuidadosa com os produtos da terra. Cozinhar é cuidar-se. Você jamais irá colocar em sua limonada a quantidade de açúcar que os industriais colocam em uma Coca-Cola, ou a quantidade de sal que inoculam nos salgadinhos de pacote, ou mesmo em um restaurante que lucra com as bebidas. Para emagrecer — e comer melhor —, seria preciso gastar mais e comer menos. Sobremesas estavam liberadas? À vontade, contanto que fosse eu a prepará-las, a combinar os ingredientes, a assá-las no forno.

Ao buscar o produto o menos processado possível, eu deveria evitar as calorias vazias dos ingredientes refinados. Preferir o arroz integral ao arroz branco, a farinha integral à farinha branca. Comer a soja ao modo tradicional, e não como a indústria a oferece. Comer mais folhas que grãos. Aquele papo de ômega-3 e ômega-6: o segredo está na proporção. E por isso, folhas, verduras e ingredientes verdes são fundamentais. Carne? Não há alimentos proibidos, porém deve-se comer pouco. Tratá-la mais como um condimento do que como um acompanhamento (como o *bacon* da farofa, por exemplo). Peixes fazem muito bem ao organismo, mas a maior parte da pesca é predatória e tem dizimado a diversidade marítima.

O modo de comer também faz diferença. Comer à mesa, jamais de pé. De preferência, em companhia. Devagar. Quando comer, fazer apenas isso. Estava aí o segredo dos franceses. Os franceses não beliscam. Suas porções são menores. Eles passam mais tempo comendo que nós. Suas refeições são compartilhadas. Pagam mais pela comida. E o vinho acompanha. Na maioria dos casos e com moderação, o álcool faz mais bem do que mal.

No movimento contrário ao dos frequentadores de academia, que para reduzir a massa gorda do corpo passam os dias a brócolis e peito de frango cozido, a variedade é a chave. Somos onívoros e temos de nos comportar como tal. Estima-se que uma dieta saudável precisa contar com uma variedade de cinquenta a cem ingredientes. Levando em consideração a complexidade alimentar de cada insumo, era preciso acabar de vez com as falsas equivalências, como a de que uma porção de macarrão é comparável a uma porção de batatas, ou a de frango é equivalente à de linguiça, ou a dos brócolis à da cenoura. Nada pode ser mais diverso que um macarrão de trigo sarraceno e uma porção de batatas inglesas. São alimentos únicos e diferentes. A variedade na dieta implica uma maior variedade no campo — e, como consequência, um solo mais rico, com menos pesticidas. Se fosse para comer peixe, deveria buscar o produto da pesca de pequenos pescadores e incluir os peixes menos valorizados, com frequência descartados, como é o caso no Brasil da palombeta, da perna de moça e da gaivira. Da mesma maneira, dar uma atenção especial às PANCs, as plantas alimentícias não convencionais. Abundantes na Mata Atlântica e em muitos outros biomas, as plantas não convencionais só o são no nome, porque consistem em espécies muito mais adaptadas aos seus ambientes do que as frutas e verduras importadas de outras regiões. Araçá-boi, taioba, dente-de-leão, peixinho-da-horta, begônias — são centenas de alimentos saborosos, nutritivos e abundantes. Incluí-las nas dietas é um ato agrícola de valorização da biodiversidade local e resulta numa relação menos abstrata com o ambiente. O movimento não se limita a incluir outras variedades. Sugere uma exploração mais completa do que já comemos, como o aproveitamento do mangará, o coração da bananeira e o palmito da planta. Em uma única refeição, ao combinar uma diversidade de alimentos — como fazem japoneses e franceses —, terei uma sensação maior de saciedade, se comparado a um prato de lasanha, por exemplo.

Ao invés de cortar alimentos da dieta, eu deveria incluí-los. A Lia, quando passávamos pela Tailândia, haveria de mencionar um princípio defendido pela Organização Mundial de Saúde e promovido em países como Reino Unido, Alemanha e Estados Unidos: o princípio do "cinco por dia". Tratava-se de incluir cinco porções de verduras (incluindo tubérculos) e frutas por dia, ou um mínimo de 400 gramas diários. Nas pesquisas em que se via a inclusão de 800 gramas, observava-se uma redução drástica da incidência de quase todas as doenças do século XX.

Nas dietas convencionais, a ideia de retirar qualquer alimento do rol de consumo permitido provocava o efeito contrário ao pretendido — a sensação de falta e escassez, além da extenuação da força de vontade. Os psicólogos dizem que nunca abandonamos totalmente a postura de filhos, que, diante de uma proibição, não descansamos até cometer uma transgressão. Toda dieta pede para ser abolida. Mas se, ao invés de tirar, eu incluísse alimentos saudáveis, acabaria comendo menos das comidas processadas. Do ponto de vista psicológico, incluir e não proibir, autorizar e não restringir, enriquecer o paladar ao invés de limitá-lo, era uma saída brilhante.

Em Bangcoc, capital da Tailândia, seguir a regra dos cinco por dia foi mais difícil do que deveria. Afinal, ali vendem-se frutas em todo o canto. Verduras são comuns nos pratos tailandeses, ainda que combinadas a outros alimentos, como o arroz ou o talharine, a base do tradicional *pad thai*. Provávamos de uma das mais ricas gastronomias do mundo. Mesmo assim, quando viajamos, há uma espécie de desorientação que nos conduz à praticidade. Os cafés eram todos adoçados e com muito leite. Muitas das frutas eram desconhecidas para nós. E por uma questão biológica, os olhos se voltavam mais naturalmente ao açúcar, aos grãos refinados, à fritura. Por isso, por exemplo, recaía na ideia de achar que um rolinho primavera equivalia a uma porção de verduras (enquanto, me falava a Lia, aquilo estaria mais para uma porção de batatas fritas), leite de coco poderia passar por uma fruta (ainda que estivesse mais para a manteiga ou um molho *béchamel*) e que o perfumadíssimo arroz de jasmim corresponderia a uma hortaliça. Agora, escrevendo isso, acho graça dos meus autoenganos. O que eu demoraria ainda algum tempo para perceber era que havia toda uma mudança de perspectiva. Eram poucas as regras: 1) comer comida de verdade; 2) incluir frutas e verduras; 3) pautar-se pela fome e pela saciedade. Para segui-las, contudo, eu deveria me deslocar para os princípios. Quando comia em excesso, não apenas o meu corpo era recusado, deslocado para um ponto cego da atenção consciente, como também o era toda a minha relação com o mundo, em sua materialidade.

Havia um conhecimento inconsciente de continuidade invisível entre o meu corpo e o corpo do mundo, o trabalho de cultivar e colher, de trazer o alimento e prepará-lo, de estimular cultivos saudáveis para que, ao comê-los, eu preservasse a minha integridade. E saúde tinha a ver com o prazer. E o prazer, com respeito àquilo que comemos. Nesse sentido, para manter-me saudável, eu deveria preservar a saúde do solo. Para isso, deveria respeitar a sua complexidade e as ofertas da biodiversidade, aproximar-me dos processos, e não recusá-los. Comer devagar e conversar com o produtor numa feira livre seguiam o mesmo princípio. Ser magro e perceber as notas sutis numa sopa de leite de coco com gengibre, o tradicional *tom yum*, também andavam alinhados.

    E essa nova proposta era muito mais interessante do que estar numa dieta.

7. Excesso e abundância

Havia um desaprendizado a fazer, talvez o mais desafiador e complexo. As lições das sessões terapêuticas sobre prática alimentar, enquanto eu percorria cidades da Tailândia e do Vietnã, faziam ecoar ansiedades ancestrais — o sentimento de que quando se tem comida à mesa é preciso fartar-se, para se antecipar ao tempo das vacas magras, aos invernos e à fome. A voracidade era um traço estimulado pela evolução da espécie, um pavor dos tempos de penúria e escassez.

No início dos anos 1960, uma vez minha avó disse à filha que saísse para pedir dinheiro. Minha mãe tinha oito anos. Foi um gesto tão desesperado quanto infrutífero. Minha mãe saiu pela manhã e, ao fim de um dia inteiro de caras amarradas, indiferença e humilhação, voltou chorando para casa. Não tinha conseguido nada. "Por que você está chorando?", minha avó perguntou, e ela não soube responder. A vó Maria trabalhava como empregada doméstica e passava dificuldades. Meu tio Rubens, irmão mais velho de minha mãe, com doze anos já trabalhava e vivia por conta própria numa pensão. A caçula teve a sorte de ser adotada por uma das tias. Apenas a minha mãe convivia com a vó Maria naquela época. A situação era de penúria, e a penúria as acompanhava. Lembro de uma foto sua, com oito ou nove anos, sentada sobre um muro, uma menina de pernas finas e cabelos curtos, um sorriso tímido e inocente. O pai, filho de portugueses, já não estava presente.

    A família de minha mãe fugiu da fome na Itália. Uma das irmãs mais velhas de minha avó lembrava da fartura na horta de sua infância, quando trabalhavam numa plantação de café durante a República Velha. As frutas pareciam manifestações milagrosas. A exclamação soava, numa escuta atenta, a um contraponto à penúria anterior. A reprodução da fala dos camponeses da época, um instantâneo da conversa dos adultos que a tia Rosa, quando criança, registrou e passou a vida repetindo. Em latifúndios do interior de São Paulo, permaneciam sob o jugo dos proprietários, subordinados a capatazes violentos, desprovidos de quaisquer outros bens além dos elementares, em terras arrendadas nas quais não podiam construir para si uma casa de verdade. Mas pouco importava, porque não passavam fome.

    A história da civilização é uma história da fome. A passagem da vida nômade, baseada na coleta e na caça, para o sedentarismo e a domesticação de espécies comestíveis; as migrações massivas e o imperialismo; a formação social do período medieval e os seus conflitos regulares; as navegações e o sistema colonial — cada uma das grandes etapas da história remete ao estômago. O mesmo critério pode ser concebido para entender o desenvolvimento das tecnologias de conservação: a recusa da sazonalidade a partir do conhecimento de variedades cultiváveis em diferentes épocas do ano, a produção de compotas e embutidos ("A conserva é ansiedade em estado puro", diria Girolamo Sineri), a desidratação dos alimentos pelo sal, a fumaça e o calor do sol, a conservação pelo vinagre e pelo óleo, mel e açúcar. A fermentação ácida das verduras, a putrefação negativa do queijo. E com a energia elétrica, as geladeiras públicas, a indústria do frio, os utensílios domésticos, a pasteurização, a decomposição de todos os alimentos e sua recombinação empobrecida em laboratório. E hoje, o oligopólio de grãos extremamente produtivos, baratos, predatórios. Tudo isso é fome.

  A fome não pautava apenas a negação do tempo e das estações, como também, com o estreitamento do espaço e a redução das distâncias, a disseminação das viagens e o desenvolvimento da tecnologia marítima, sobretudo a partir do século XVI, a busca de especiarias nas Índias, a transposição do *know-how* do engenho para a América Central depois da invasão holandesa de Pernambuco e a subsequente crise da cana no Brasil. A valorização da cozinha regional é uma novidade. Historicamente, o que se pretendia era uma reunião de todas as experiências gastronômicas em um banquete universal. À fome sempre se contrapõem imagens de fartura, uma curiosidade para com paladares raros e incomuns, a textura de um outro fruto ou de um outro peixe. É o movimento que hoje nos permite comprar um *camembert* parisiense no mesmo mercado local em que encontro um pacote de pimenta desidratada de Sichuan. A fome almeja o excesso, a total disponibilidade. A fome quer abundância.

Quando a minha tia-avó Rosa falava do tamanho desproporcional das frutas de sua infância, da oferta infinita da terra, pode-se reconhecer aí ecos fragmentários de um imaginário camponês medieval, uma recusa às cruezas da realidade por meio das cores e perfumes da fantasia. Como contraponto à seriedade e ao regramento excessivo das classes dominantes, as classes populares europeias conceberam um "jardim das delícias" de alegria e fartura, uma terra prometida de opulência material, conhecida por muitos como País da Cocanha. Nas palavras de um autor anônimo, que atendia pelo nome de Scolio, ao que tudo indica um camponês de Luca, na Itália, o paraíso na terra reproduz o teor do paraíso do Alcorão, onde Deus é uma entidade andrógina, uma *domnhoma*. De cada um de seus dedos erguidos, representando os dez mandamentos, brota um rio.

De mel suave é cheio o rio primeiro,
De duro e fluido açúcar o segundo,
Ambrosia tinha o terceiro, e o quarto
Néctar, maná o quinto, o sexto pão;
Tão branco e leve não se viu no mundo,
Faz até morto reviver jocundo.

Nesta terra que desconhece a morte, onde todos são jovens e regidos pela igualdade ("Homem ou mulher, basta-lhe ter boca / para já merecer com que viver."), a imagem de inversão do mundo, na qual a instituição familiar foi substituída pelo encontro livre e amoroso entre as criaturas da terra ("assim uns satisfazem a felicidade dos outros"), era comumente associada ao exotismo das terras distantes. O paraíso terrestre era desprovido de hierarquias. Seria a eterna consagração da primavera, um lugar onde o tempo se detém, e a festa é cotidiana e ausente de culpa. O jejum da Quaresma contrapõe-se à orgia do Carnaval, um rito espontâneo, catarse das penúrias e estopim de revoltas.

Presente nos *fabliaux* populares — histórias cômicas, obscenas e escatológicas, que circulavam clandestinamente —, o sonho medieval da Cocanha se inspirava no jardim do Éden, numa história pré-histórica, ao mesmo tempo que se anunciava como um futuro, em uma redenção pelo descanso ("O monge que mais dorme / e entrega o corpo ao descanso, / Pode esperar, Deus o sabe, / Rapidamente tornar-se abade") e pela abundância. Não se tratava de um "Era uma vez", mas de um "Será uma vez". Pairava naquele tempo uma constante sombra da fome. E em seu sonho coletivo, as aves voavam cozidas, os leitões já vinham assados. Chovia pudim quente, as cercas eram de chouriço e linguiça, e dos mananciais brotava ora vinho tinto, ora vinho branco. Os telhados das casas eram de toucinho e nos bosques reluziam o rubor dos morangos e a lascívia das uvas.

 Não é preciso muito esforço para perceber o quanto a fábula medieval da Cocanha impregnou o imaginário do Novo Mundo e como as expectativas projetaram nesta terra *brasilis* uma promessa de fartura que a fertilidade do solo e a abundância de flora e fauna vieram corroborar. Quando minha tia-avó dizia: "O tamanho da laranja! Não era dessas, mirradinhas, que se vendem hoje em dia. Tinha muita goiaba na fazenda. Tinha de tudo. Ninguém precisava comprar.", as ressonâncias de um Éden persistiam, ainda que todo o resto o tenha desmentido. Com o tempo, os camponeses foram dispensados das plantações de café. Os irmãos da vó Maria e da tia-avó Rosa se dispersaram na cidade. Foram trabalhar nas fábricas têxteis, na construção, nas casas de gente mais favorecida. Esses tios e tias tornaram-se operários, pedreiros e empregadas domésticas. E passaram fome, vivendo em construções precárias de subúrbio, pensões insalubres que inundavam quando chovia.

 Entre a desmoralização, o pânico e a impotência, a fome ora produziu uma busca de alternativas, ora estimulou a degradação dos vínculos sociais. Do primeiro caso, um exemplo é o do pão da carestia. Nas crônicas medievais, tem-se notícia de que, quando faltava o trigo, recorriam a outros cereais; se esses faltavam, aos legumes, às castanhas, às bolotas. E então, passava-se às ervas e raízes silvestres. Havia quem recorresse às sementes de uva para fazer o pão, ou mesmo às raízes de samambaia. As técnicas de sobrevivência, persistindo no elemento civilizatório do pão, antes de passarem à loucura e à barbárie, recorriam em último grau à terra. O pão era feito de um pouco de farinha misturada à areia.

Havia muito do que fugir na Europa da virada do século XIX para o XX, quando meus ancestrais italianos aportaram em Santos. E não era de se espantar que se dignassem a regimes indignos quando lhes asseguravam a comida, quando podiam tirar algum proveito da fertilidade da terra roxa. Em pouco tempo, contudo, puderam testemunhar também aqui a outra consequência da fome. Da infinidade de exemplos e histórias dos últimos dois séculos, a da escritora Carolina Maria de Jesus é um testemunho de sua ameaça insidiosa. Seu *Quarto de Despejo* é um diário da fome e da penúria na extinta favela do Canindé, próxima ao rio Tietê, na zona norte de São Paulo, um retrato do dia a dia na favela em um momento ainda não dominado pelas hierarquias que se estabeleceram com o tráfico de drogas. A fome atira os favelados uns contra os outros. Mata o sono, desmancha a empatia e faz as crianças adoecerem. Provoca intrigas nas filas para buscar água. Estimula a presença de extorsionistas.

"Passei no Frigorífico, peguei uns ossos. As mulheres vasculham o lixo procurando carne para comer. E elas dizem que é para os cachorros. Até eu digo que é para os cachorros..."

Nunca se está demasiado longe da fome. De suas muitas expressões, é possível pensar na ganância — o impulso de exploração de pessoas e recursos e do acúmulo de riquezas como uma garantia sempre insatisfatória contra a falta e a escassez. Os novos-ricos são conhecidos por deixarem-se rodear de lembretes materiais de que a ameaça da pobreza ficou para trás. Os tradicionalmente milionários aprenderam que a discrição e o anonimato os protegem da ganância alheia. Talvez seja incorreto dizer que passamos dos perigos da fome, no século XIX, para os riscos da obesidade a partir do século XX, porque a obesidade e a ganância são uma consequência do pânico da fome. Talvez devamos reconhecer que todo o sistema produtivo, na sanha desenfreada de mitigar a ameaça histórica da carestia, neste mesmo movimento, torna-se o responsável por exaurir e contaminar o solo, ameaçando a preservação de uma terra para as futuras gerações e relegando a ela uma fartura de sementes anêmicas.

A civilização rumou para o Oeste em busca da terra da Cocanha, de um quimérico Jardim das Delícias. Na América, imaginando encontrar o fim do mundo, deparou-se com um mundo supostamente sem fim. É curioso como os terraplanistas de hoje coincidam, em geral, com os que convalidam a exploração predatória do planeta, como se ele fosse infinito. Quinhentos anos atrás, quando éramos muitos menos, a esfericidade do mundo criou a ilusão da abundância e da depredação sem consequências. Em um país de dimensões continentais como o Brasil, é difícil enxergar os limites, as fronteiras e as consequências da exploração. Com a alma faminta e um horizonte farto, nem sempre é fácil entender que a ganância, ao contrário de nos dar garantias, ameaçará a subsistência em tempos futuro.

Nesse sentido, o Japão — nosso próximo destino — era todo um estudo de caso. Com uma tradição ancestral preservada geograficamente e uma história escrita larguíssima, o país parecia a antítese do nosso. O arquipélago sempre conviveu com os seus limites. Eu queria entender o que esta cultura de limites poderia ensinar à nossa cultura da falta de limites. O que comiam os japoneses e como enxergavam a comida — e o que a tradição lhes ensinava sobre a história humana da fome e da abundância.

8. Umami

Tomamos o voo noturno de Hanói a Tóquio. Após os trâmites e traslados de praxe, um trem nos deixou na estação de Nippori, muito pertinho do bairro de Ueno. Era bem cedo. Na rua estreita que partia da estação, os comércios começavam a abrir. Eu nunca vou esquecer aquela manhã: do contraste entre o calor agitado e a umidade tropical de Hanói, a cidade que havíamos acabado de deixar, para o silêncio invernal de um céu prateado, as portas deslizantes de madeira e as velhas bicicletas encostadas nos postes. Os lambe-lambes com desenhos de gatos e uma calçada tão limpa que dava vontade de deitar ali mesmo após uma noite mal dormida. Uma velhinha de chapéu cor-de-rosa assistia ao movimento crescente da estação sentada num banquinho de praça, as mãos apoiadas numa bengala fina como seus braços. Crianças iam para a escola em duplas, uniformes impecáveis, as maletinhas idênticas nas costas. Em uma pequena mercearia, um casal empilhava na rua os caixotes de frutas e verduras. O Japão seria uma descoberta espantosa. Impossível não se deixar impregnar por um sentimento quase impetuoso de calma e cuidado que brotava de todas as coisas e pelo estranho sentido de dignidade que derivava disso.

Nosso apartamento ainda não estava liberado, e fomos tomar um café da manhã ali perto para fazer uma horinha. As pessoas falavam baixo no pequeno estabelecimento. A comida foi servida em pequenas tigelas, em porções delicadas de apresentação minimalista. Havia uma sopinha, arroz, uma omelete levemente adocicada, parecida com um rocambole. E o café, é claro. Tudo delicioso.

Algo naquela apresentação me fez comer devagar, de um modo quase contemplativo. Era como se minha companheira e eu tivéssemos despertado para o interior de um sonho muito bom. Exclamávamos baixinho, ainda incapazes de nomear o que estava acontecendo. Encontrávamo-nos em Ueno, onde quatrocentos anos antes nascera o poeta Matsuo Bashô. Na abertura de um de seus diários de viagens, *Oku no hosomichi*, quando em 1689 ele se preparava para uma de suas longas jornadas pelo interior do país, Bashô escrevia:

"Ao imaginar os ramos das cerejeiras em flor de Ueno e Yanaka, senti um aperto no coração e me perguntei se voltaria a vê-los floridos."

Aquela foi a primeiríssima refeição de muitas nos pouco mais de quarenta dias em que permanecemos no Japão. Haveria as pequenas e acessíveis porções que comprávamos no supermercado que ficava abaixo do nosso apartamento em Tóquio: tempurás, conservas, raízes de lótus, ameixas azedas. As tendas de espetinhos (*yakitoris*) nos becos de Shinjuku: enokis enrolados no bacon, tripas de frango com cerveja e edamame. A casa de guiozas coloridos em Takayma, o restaurante de gastronomia okinawana, quando provamos do pepino amargo com ovos pela primeira vez. O macarrão soba de muitas consistências e espessuras, feito de trigo sarraceno e servido frio. O bife marmorizado de Hida cozido numa pasta de soja em um *réchaud* sobre uma folha de magnólia. Havia o ritual do chá dos jardins e os espessos sorvetes de *matcha*, de um verde-escuro intenso e um amargor adocicado. Os sashimis de cavalinha de Kanazawa, uma cidade costeira voltada para o mar do Japão, e os sashimis de peixe-voador de Quioto. E havia as casas especializadas em enguias e carês (ou *curries*), em *takoyakis* (bolinhos arredondados de polvos), *okonomiakis* (panquecas de repolho), em *ramens* servidos em cuias grandes, com algas, um ovo de gema mole, dois filés de carne de porco no caldo de soja. E havia os *izakayas*. Muitos, muitos *izakayas*, os bares japoneses onde se bebia o fabuloso uísque de Sapporo ou algum dos muitos drinques diluídos em água com gás.

Não, eu não tinha noção do que era a culinária japonesa. Mas uma suspeita havia se confirmado: os japoneses eram saudáveis e longevos. E isso estava intimamente ligado à cultura, traduzida em suas tradições gastronômicas.

A obesidade no Brasil, na população com mais de vinte anos, mais que dobrou entre 2003 e 2019, passando de 12,2% aos 26,8%. A obesidade feminina passou dos 14,5% aos 30,2%, enquanto a obesidade masculina passou dos 9,6% aos 22,8%. No Japão, apenas 3,3% da população é obesa. Ademais, os japoneses vivem cerca de oito anos a mais que os brasileiros. Nas ruazinhas de Quioto, era comum avistar um senhor ou uma senhora muito idosos — estou falando de homens ou mulheres na faixa dos noventa anos — vivendo sozinhos, fazendo compras e varrendo a entrada de suas casas.

Como explicar essa discrepância na saúde das duas populações e, em particular, a diferença na taxa de obesidade? A princípio, poderíamos pensar que, por terem uma região cultivável tão limitada, se comparada aos padrões brasileiros, os japoneses poderiam ter optado pelas conveniências e produtos processados, enquanto a nossa oferta de frutas e verduras permitiria que comêssemos de modo mais saudável. Afinal, no Brasil, a comida não processada ainda é mais barata que a comida processada. Não é o caso de países europeus ou dos Estados Unidos, por exemplo, em que frutas e verduras são muitas vezes importadas e custam mais caro que os alimentos industrializados.

Como toda realidade é uma trama complexa de variáveis, o baixo índice de obesidade no Japão tem mais de uma explicação. Em primeiro lugar, e talvez o mais importante, o fenômeno reside no fato de que os japoneses comem bem, e isso se vê em toda a parte. Nas opções de refeição para viagem dos supermercados, havia muitas ofertas de conservas e verduras. Os ultraprocessados nunca tiveram muito espaço à mesa, jamais conseguiram vencer a culinária tradicional da comida de verdade. E isso sobreviveu à entrada massiva das lojas de conveniência, onipresentes no país. No Brasil, os produtos de uma loja de conveniência são um exemplo claro das comidas práticas que a médio prazo o levarão à morte: bebidas gaseificadas com açúcar, produtos variados vendidos em pacotes, barrinhas de chocolates e um monte de coisas coloridas embaladas em plástico. No Japão, as lojas de conveniência estão por toda a parte, mais até do que no Brasil. São mais de 55 mil estabelecimentos em todo o país. Faz sentido: os japoneses têm pouco tempo de almoço, trabalham muitas horas e comem fora durante o dia. Quando não levam as suas quentinhas de casa — os famosos *bentôs* —, são obrigados a recorrer às lojas de conveniência.

  Se você entra em um 7Eleven no Japão, verá muitas prateleiras repletas de produtos industrializados. Mas há uma sessão inteira de comidas saudáveis e relativamente frescas — saladas pré-lavadas, sushis, sopas, arroz, edamame, abóbora cozida. Certa vez, quando tomamos um ônibus de Tóquio a Takayama, paramos numa loja de conveniência da rodoviária e compramos um copo plástico com palitinhos de cenoura, nabo e pepino. Entre a tampa e as verduras, um *dip* de maionese para incrementar o tira-gosto. O surpreendente, a meu ver, foi constatar que as hortaliças pareciam fresquíssimas. Estavam sequinhas, perfumadas. A maionese era leve e saborosa. No meio do caminho, o ônibus fez uma parada de vinte minutos para esticarmos as pernas. Ainda estávamos com fome. O restaurante do estabelecimento vendia porções de arroz vermelho integral, o *sekihan*, cozido no feijão azuki, com gergelim e gengibre. Ainda que simples, aquela comida nos caiu muito bem, e nos mantivemos saciados por um bom tempo.

Mas não é apenas nas lojas de conveniência que você tem a garantia de encontrar comida de verdade à disposição. Os estabelecimentos de *fast food* funcionam de modo diverso por lá. Na rede Sukiya, por exemplo, com quatro dólares você leva arroz, sopa de missô, algas, um ovo, peixe assado e salada de batata. Nos botecos japoneses, os *izakayas*, é comum encontrarmos salada de *kombu*, edamames, pepinos, picles, fígado e peixinhos assados para petiscar com a cerveja. Pode ser que, se você for um adolescente em um dos 7Eleven repletos de novidades, ainda se sinta seduzido em provar dos ultraprocessados — afinal, como disse, eles são uma armadilha de sal, gordura e açúcar, concebidos para seduzir os anseios mais primitivos. Mas, ao menos para nós, a comida de verdade era tão bem-feita, tão delicada, cuidadosa e complexa, que não havia dúvidas em optar por elas.

Um detalhe importante: as porções eram bem menores que às que estamos acostumados. Talvez com excessão dos *ramens*, os sanduíches eram menores, as verdurinhas, os espetos, tudo pressupunha o gesto comedido. Para compensar, as refeições costumavam incluir uma variedade de alimentos, como a sopa de missô (a pasta de soja, que lá havia de vários tipos) e as conservas. Usando *hashis* — os palitinhos de madeira — para comer, levávamos mais tempo em nossas refeições. Íamos bicando das diferentes tigelinhas, provando daqui e dali. Um pouco disso, um pouco daquilo, e a variedade produzia o efeito de deixar-nos saciados aos poucos. Sem muito esforço, eu percebia cada uma das minhas fomes se dissipando.

Como a tradição europeia dos últimos séculos, a comida japonesa é do tipo analítica: os ingredientes são servidos isoladamente, para que se perceba o sabor de cada prato. É um estilo que valoriza a acuidade do paladar e se concentra na qualidade de cada um dos componentes de uma refeição. É uma abordagem distinta à da nossa tradição, a sintética, que combina diversos ingredientes em uma receita. O caso de nosso feijão, por exemplo, que leva alho, cebola, louro, às vezes bacon ou toucinho, salsinha e cenoura.

O mesmo acontecia com as refeições do Sudeste Asiático, de onde acabávamos de sair. Ao paladar tailandês, falta algo se a comida não combinar o doce, o salgado, o picante e o azedo. O *pad thai* é um exemplo típico: o talharim de arroz que leva pasta de tamarindo (agridoce), limão, açúcar, pimenta do reino, galanga (picante), coentro e namplá (salgado), entre outros ingredientes. O resultado é uma explosão sensorial, uma profusão confusa de estímulos. A culinária picante e de combinações é mais comum em países quentes. A tradição aprendeu a valorizar preparos adstringentes, que reduzissem os riscos de contaminação de alimentos expostos ao calor, lançando ao fogo todos os ingredientes em combinações flexíveis, nos quais o frango pode ser substituído pela carne de porco ou pelo tofu, e o arroz por macarrão, a depender da disponibilidade.

Na culinária sintética, o sabor de um insumo interfere no dos outros. Alguns roubam a cena, outros permanecem de fundo, encorpando o conjunto, feito o baixo em um quarteto de *jazz*. No Japão, a complexidade deve ser encontrada a partir da escuta de um único instrumento, apreciado com a mesma intenção com que foi preparado. Que a gramática da cozinha japonesa seja pautada pela sucessão cuidadosa de notas isoladas é um dado do qual se podem depreender muitas causas possíveis: o clima temperado oceânico, com estações bem demarcadas, que implica em comidas menos condimentadas; o processo lento de urbanização e as consequentes distâncias reduzidas entre a plantação e o prato, a partir de um sistema de cultivo local, que contribuíram para o frescor dos alimentos e para a agricultura familiar; e até mesmo, a herança xintoísta, de cunho animista, segundo a qual cada coisa tem a sua alma e deve ser respeitada, o que estimula relações menos alienadas com a comida e suas origens.

Os japoneses são consumidores ativos de conservas e fermentados. A nova ciência gastronômica tem tecido relações entre variações de humor, obesidade e a nossa microbiota — as culturas bacterianas, fúngicas e virais que vivem em nosso intestino, responsáveis pela absorção de nutrientes e a manutenção do sistema autoimune. Em uma de nossas sessões, a Lia havia me contado das transfusões de fezes entre magros e obesos, uma estratégia que estava longe de ser considerada segura, mas que vinha apresentando possibilidades muito promissoras. O que se via era que, quando se transferiam fezes de uma pessoa magra para dentro do intestino de uma pessoa obesa, esta pessoa emagrecia em algumas semanas. E as pesquisas recentes têm mostrado que a balança é mais suscetível à vida microscópica que hospedamos em nosso sistema digestório do que à quantidade de exercícios que fazemos. Pois bem: séculos antes dos resultados científicos recentes, os japoneses já cultivavam com esmero a sua microbiota intestinal. Nato, molho de soja (*shoyu*), a pasta de soja (missô), peixes e legumes fermentados (*tsukemonos*) estão por toda a parte e são ingredientes necessários nas refeições. Quando precisam beliscar alguma coisa no meio do dia, ou acompanhando uma cervejinha, essa é a opção japonesa.

A conexão entre o sistema nervoso e o digestório é ainda um continente a ser explorado. Não se sabe por que existem tantas conexões neuronais no intestino e qual é a sua função nas regulações metabólicas e hormonais. Tampouco se sabe como é possível cultivar deliberadamente essas colônias de probióticos e como fazer para conduzi-las de forma segura às nossas vísceras. Em geral, a quantidade de microrganismos benéficos ingerida nos fermentados é modesta, e ignoramos a sua real capacidade de alcançar o cólon — a porção central do intestino grosso. Como o segredo costuma estar nas combinações, talvez o fermentado funcione melhor se ingerido com arroz ou algum outro ingrediente regular da gastronomia japonesa. Na dúvida, é sempre melhor recorrer à tradição do que buscar soluções mágicas oferecidas por gurus midiáticos.

Outra pista para a taxa praticamente nula de obesidade no Japão pode ser encontrada no consumo reduzido de trigo em relação ao de arroz. Depois de vilanizar a gordura, o nutricionismo concentrou-se em demasia na hipótese, tomada como fato, de que a razão pela qual estávamos tão obesos era o consumo excessivo de carboidratos. Entretanto, as pesquisas mais recentes têm relacionado o sobrepeso não aos carboidratos, mas ao excesso de glúten, que está presente no trigo das massas, biscoitos e pães, e ausente no arroz. Aprendemos a desconfiar dessas pesquisas que atribuem certas correlações a substâncias isoladas, mas chama a atenção que o japonês, predominantemente magro, coma em média 67 quilos de arroz por ano, enquanto o brasileiro, que tem no arroz uma das bases de sua alimentação, tem comido 34 quilos anuais. No período de prosperidade econômica da primeira década do século XIX, os brasileiros que experimentaram um aumento em seu poder aquisitivo passaram do feijão com arroz aos alimentos à base de trigo. Hoje, nosso consumo médio é de 40 quilos, superior ao de arroz. O curioso, nesse sentido, é que os japoneses chegam a comer mais trigo do que nós, com uma média de 50 quilos anuais, o que deveria valer para derrubar de vez as dietas de supressão de carboidrato, como aquela que eu fazia antes de buscar uma nutricionista. No Japão, come-se arroz até no café da manhã, um complemento quase universal nas refeições. No Brasil, o arroz com feijão têm sido associado pelos grupos que ascenderam da pobreza à classe média a uma dieta incipiente e rotineira.

  Outra proporção que vale investigar é a do consumo de carne e peixe. Como se sabe, os japoneses comem muito peixe. São 27,3 quilos ao ano, muito mais do que nós, que ficamos nos dez quilos anuais. Como nós, os japoneses comem mais carne que peixe, mas nós consumimos muito mais — 78 quilos por ano, mais de 50% a mais que os japoneses, que consomem 51 quilos. E há uma particularidade: diferentemente de nós, os nipônicos estão habituados a comer todas as partes do animal — o cérebro, o coração, o fígado, o rim, a língua —, que contêm nutrientes que faltam aos nossos cortes prediletos. Em geral, ignoramos solenemente o consumo dos órgãos em favor dos músculos, talvez pela mesma razão por que temos evitado o feijão com arroz: a sua associação com os tempos das vacas magras. É algo a se lamentar, porque o aproveitamento de todas as partes do animal, além de ser um ato mais respeitoso e ecologicamente louvável, contribui para uma ingestão maior de glicina, presente nas cartilagens, nas peles, nos tecidos conectores, e que estão associados a propriedades anti-inflamatórias, à manutenção da elasticidade da pele e à resposta de insulina. Mais uma vez: quanto mais variado o nosso prato, mais saudáveis são a terra e aqueles que dela se servem.

Aqui, preciso reconhecer: embora aprecie uma língua a vinagrete, nunca me aventurei a provar um sarapatel ou uma buchada de bode. Estou longe de propor ou acreditar numa conversão fácil à gastronomia das vísceras. Em Tóquio, fiel à linha analítica, me foram oferecidas pequenas tiras de intestino de frango em um espeto — um *yakitori* — com sal, bem tostadinhas. Foi um pedido acidental. Eu estava numa casa especializada em espetinhos de frango, mas, como de praxe na Ásia, íamos às cegas. Japoneses são monolíngues, e os lugares que têm cardápios em inglês não são necessariamente os melhores. Apontei uma opção no menu, o atendente assentiu, veio o espeto de intestino de frango. Comi aquilo e não achei ruim. Depois eu soube do que se tratava. Podia ter sido pior: a casa servia sashimi de frango. Frango cru, uma iguaria.

Outra digressão que preciso destacar: do hábito de comer peixe, deriva um problema que, perigosamente, não é visível aos olhos dos clientes e cujo preço não aparece na conta ao fim da refeição, que é o extermínio alarmante das espécies marinhas em razão do consumo excessivo. Muito difícil de fiscalizar e inacessível ao exame acima da superfície da água, os barcos pesqueiros atuais são verdadeiras máquinas de dizimar ecossistemas marinhos. Também são conhecidos pelo desperdício massivo de espécies menos apreciadas à mesa. As sobrepescas chegam a 30% do que as redes recolhem, animais que morrem à toa e cujas carcaças intoxicam os mares. Por lástima, o respeito xintoísta pelos alimentos no Japão não alcança a indústria da pesca, uma das mais predatórias do planeta.

9. Casa cheia, casa vazia

Em Quioto, foi possível criar uma pequena rotina. Pelas manhãs, saía para correr à margem do rio Kamo, que divide a cidade ao meio. Em seguida, dedicava as horas remanescentes da manhã ao trabalho. Quando a fome chegava, saíamos à procura de um lugar para comer. Se algum restaurante nos apetecia, tínhamos a chance de visitá-lo mais duas ou três vezes. Como já viajávamos há bastante tempo, a tendência foi de atenuar o impulso turístico.

Naquela cidade, um *izakaya* deixou-nos intrigados. Ficava a poucos minutos a pé da pousada e sua fachada era tão discreta que não raro passava despercebida mesmo quando a procurávamos. Nenhuma placa indicava a entrada do estabelecimento — apenas uma porta corrediça de madeira e um *noren* de símbolos desbotados. Colocávamos a cabeça para dentro do estabelecimento, um pouco vexados, sentindo-nos como que intrusos em um clube privado. Dentro, dois cozinheiros atrás do balcão pediam desculpas com uma breve mesura. A casa estava cheia.

Havia lugar para apenas cinco clientes. Cinco banquinhos que, por isso mesmo, estavam sempre ocupados. O que fizemos no dia seguinte foi chegar vinte minutos mais cedo. E depois mais vinte. O resultado era sempre o mesmo. Corríamos a porta, a mesma mesura, os bancos próximos ocupados, os cinco clientes, ombro com ombro, comendo tranquilamente. E, decepcionados, saíamos em busca de uma alternativa.

O que são *izakayas*? Em japonês, o termo significa "lugar para tomar saquê". São barzinhos. E um modelo minimalista de negócios. O cardápio é cuidadoso e limitado. É como se o dono abrisse as mãos e erguesse os ombros, soprando: "O que posso oferecer é isto aqui. Trabalho dentro destes limites". Sua personalidade deriva dos detalhes mais ou menos regulares — o gato branco de porcelana, a luminária baixa, a panela elétrica meio manchada, adesivos, as garrafas alinhadas na parede, os panos dobrados e úmidos para a limpeza do balcão. A proximidade entre os fregueses e o cozinheiro. E tudo de madeira — balcão, paredes, cadeiras —, junto à impressão de longevidade e aconchego que deriva disso. Uma combinação de apuro e despojamento, modéstia e sobriedade.

Existem *izakayas* de todo o tipo, mas os que mais me fascinam são os cantinhos de fisionomia íntima e solene. Em Tóquio e Takayama, havia becos e vielas com dezenas de pequenos bares como esses, lado a lado, como o Nonbei Yokosho ("beco dos bêbados"), em Shibuya, surgido nos anos do pós-guerra. Meu bar favorito em São Paulo é um *izakaya* chamado Kintarô, no bairro da Liberdade. É praticamente um corredor, dividido por um balcão com meia dúzia de assentos e duas mesinhas do lado de fora. Os donos ditam as regras — esqueça o Wi-Fi, não aceitamos cartão de crédito. Nada de provar antes de pedir. Fecha cedo e o horário é inflexível. Dois jovens tomam conta do lugar, dois irmãos que por acaso também são lutadores de sumô, representantes brasileiros do esporte (a esposa de um deles, campeã brasileira, carregou a tocha olímpica durante parte do percurso nas Olimpíadas do Rio de Janeiro). A mãe cozinha todos os dias uma dúzia de pratos frios e quentes que ficam dispostos na vitrine do balcão. As porções têm preço fixo e o que se come por lá não se encontra em outro lugar. Berinjela com missô, panceta temperada, raiz de bardana, nirá com ovo e tilápia marinada são algumas das minhas porções preferidas.

Três coisas me atraem no Kintarô. Pensando um pouco, percebo que são as mesmas que nos faziam insistir no *izakaya* de Quioto. Em primeiro lugar: a simplicidade do enquadre. A ideia de que com dez metros quadrados alguém conceba um lugar de comida saudável e saborosa, no qual você poderá passar uma ou duas horas felizes, tomando da sua cerveja. É um degrau acima da boa comida de rua, barata e democrática. *Izakayas* carregam história, coisa que poucas barracas de rua tiveram a sorte de conquistar.

Em segundo lugar, *izakayas* são espaços discretos. Não se ufanam, não anunciam promoções. É quase um segredo em um mundo de superexposição, um gesto comedido em meio ao frenesi pornográfico da publicidade, dirigido aos atentos o suficiente para enxergar. Há uma entrega e uma confiança de que o estabelecimento se baste com o essencial: na singularidade de suas porções, na qualidade de suas bebidas, no bom atendimento. Em suma, *izakayas* têm *kodawari*.

Kodawari é uma palavra relativamente pequena para uma noção complexa: a atenção insistente e tranquila aos detalhes. É uma busca calma pela perfeição na prática cotidiana, que toma o tempo e a insistência como aliados. A noção nos convida a tomar gosto pelo processo, com seus silêncios e sutilezas, a desprender-se da pressa de prazos extrínsecos. Uma das coisas que acho bonitas nesse princípio é que ele abarca aquele cuidado sobre algo que ninguém vai perceber conscientemente, aquela obsessão que passará em branco aos palatos da maioria. Se formos observar o trabalho de um grande pintor ou de um grande cientista, veremos a importância dessa noção na descoberta de uma estrela distante ou na busca de uma cor específica por meio de combinações e pinceladas. No Japão, *kodawari* é um elemento recorrente.

Em terceiro lugar, subjaz ao funcionamento de um *izakaya* um princípio que norteia um eixo importante da filosofia asiática — o da suficiência.

Quando questionados sobre o segredo da longevidade de Okinawa, uma das ilhas do arquipélago japonês na qual os habitantes costumam passar dos noventa anos de idade, uma das clássicas respostas é *Hara hachi bu*, o hábito de comer até preencher quatro quintos do estômago, até sentir-se quase satisfeito. Comer apenas o suficiente e nunca mais do que isso. Nunca ficar cheio. Respeitar a comida. Antes de iniciar uma refeição, é comum que um cliente de um restaurante junte as palmas das mãos e diga, baixinho: *Itadakimasu*, cuja tradução sempre imprecisa pode ser algo como "recebo com humildade (essa comida)", uma forma de expressar gratidão a uma dádiva recebida. O agradecimento não se dirige precisamente ao cozinheiro (ainda que o inclua), nem a alguma deidade invisível (ainda que esta pareça pressuposta), mas à comida, à terra, aos animais abatidos, às plantas que renderam os frutos, à estação do ano, às chuvas, à dádiva da fertilidade. É um pacto de respeito. Pode significar algo como "eu me lembro, eu reconheço os sacrifícios do trabalho e da terra". Esse reconhecimento deriva num outro conceito onisciente da gastronomia japonesa: o *mottainai* — que pressupõe que, se você se entrega ao desperdício, você é indigno daquilo que come. É um princípio moral e ético que se traduz em um modo de produzir, de consumir e de ser.

Essas práticas possuem raízes culturais profundas, preservadas pelo relativo isolamento geográfico e remontadas à reunião do xintoísmo com o zen-budismo. Não faltam, é claro, argumentos que contradizem essas tendências. Mas é um dado significativo que o arquipélago possua quase 70% de sua área ainda ocupada pela biodiversidade nativa, ao passo que a agricultura ocupe apenas 12% do território. É uma cobertura vegetal relativamente grande para os padrões de países desenvolvidos (na Europa, por exemplo, apenas 26% do território inclui zonas terrestres preservadas).

Há uma linha de coerência que costura a dieta de Okinawa, o ato de agradecer pela comida e a relativa preservação ambiental. E, ao que me parece, essa linha atinge também a escolha do cozinheiro de um *izakaya* de contentar-se com cinco clientes de cada vez, não aceitar filas ou reservas, não procurar expandir o seu negócio indefinidamente à custa da atenção necessária para servir uma comida que cumpra critérios pessoais de excelência.

O impulso de expansão indefinida talvez seja uma das derivações da carestia histórica e do medo da penúria — o anseio de devorar o mundo para não ser devorado por ele, a necessidade de se rodear de símbolos de abundância para afugentar os fantasmas do estômago vazio. Ele está presente nos planos geopolíticos de um estado, como no conceito de "espaço vital" alemão, ideologia que justificava as ocupações imperiais nazistas, passando pela noção do lucro como valor absoluto, até atingir os motes de pequenos empreendedores e dos discursos de aprimoramento pessoal. Aos poucos, no entanto — não sabemos se a tempo —, vamos percebendo que o mundo não é infinito, que ele não passa de uma ilha. Se já temos condições tecnológicas para sanar a fome do planeta, não fazê-lo é uma distorção do sistema derivada da voracidade dos poucos que conseguiram se agarrar a um lugar seguro. O mundo é uma ilha, e talvez haja algo a aprender com isso. Não precisamos expandir. Precisamos do suficiente. Não precisamos de mais megaprojetos pasteurizados, falsas novidades e perigosas conveniências. Não precisamos de soluções milagrosas, mas de comida de verdade e o retorno às práticas do cuidado.

É importante que se diga: a suficiência não é um ascetismo. Não se trata de buscar um ambiente de privação, escassez deliberada ou regimes de desapego radical. Sabemos agora que, se é importante conhecermos a própria fome, a experiência da penúria compulsória é uma das raízes históricas da voracidade, dos desequilíbrios de perpetuação da fome em populações inteiras, e uma das forças que desfiguram o planeta em que vivemos. Os antigos ascetas, os jejuadores crônicos ambicionavam retirar-se da sociedade, do convívio entre os homens. O ascetismo é uma tentativa sempre vã de preparar-se para a carestia, o amortecimento que se antecipa à morte, o ato de provocar a dor para não ser dobrado por ela. O ascetismo, nesse sentido, e, às vezes, a anorexia são aspirações à imortalidade. Nada mais distante da suficiência, que pretende habitar-se e reconhecer o convívio necessário com o corpo do mundo. A suficiência não é uma abstração, mas uma imanência e uma disposição para o cuidado.

A suficiência não é uma pequena, mas uma grande virtude. Não é uma precaução, é uma ousadia. Vale-se da arte de desfrutar o momento, mas não se identifica com o hedonismo e nem é uma forma de narcisismo. A suficiência começa no estômago e se expande para as mãos, começa no presente e se amplia no futuro. A suficiência é uma sobriedade e uma indiferença às negociações mesquinhas de si para consigo. A partir de um dado momento, em minha viagem, quando eu me via diante de uma comida irresistível, mas já não tinha fome, eu pensava que o dia de amanhã me brindaria com outras surpresas, e que o prazer estava nesse equilíbrio entre a aceitação e a recusa (porque a recusa era uma forma de aceitação). O dia seguinte já estava presente, e era necessário zelar por ele. Já não mais um capricho, mas um aprendizado.

Há um ditado budista que diz: "se você tiver fome, coma; se tiver sono, durma." Parece banal, mas não há nada que desafie mais as nossas atenções dispersas, nada é mais revolucionário aos anseios sem nome que nos invadem a madrugada, nada mais apaziguante às nossas angústias de insuficiência. Compreendendo as fomes do presente e do passado, obedecendo aos nossos limites físicos e à nossa condição material, talvez possamos transformar a dieta da suficiência numa poética. E, quem sabe, numa ética.

10. A resistência íntima

Não mais que dois dias após retornarmos da viagem, fui à padaria na esquina de casa e pedi um pão de queijo. Como muitos de nós, brasileiros, sou um fã quase incondicional de pão de queijo. Depois de seis meses na Ásia, era uma das minhas saudades. Na primeira mordida, me surpreendi com a onipresença do óleo rançoso na esfera ressecada. Que pena! O cozinheiro da padaria devia ter exagerado no óleo para manter o pão de queijo úmido por mais tempo na vitrine da padaria. Eu bem que o achara meio feio na vitrine do balcão. Devia ter seguido a intuição e esperado outra oportunidade.

Pousei o pão de queijo no prato e pedi um pingado para acompanhar. O estabelecimento já vivera tempos melhores. Àquela hora da manhã, ele estava quase vazio. Nenhum salgado da vitrine do balcão parecia muito apetitoso. O café chegou, e me deixei perder em pensamentos. Não sei que trilha me levou a um conto do escritor tcheco Franz Kafka chamado "Um artista da fome". O texto ficcional falava de um tempo em que pequenas multidões nos vilarejos europeus se entretinham com um estranho espetáculo do jejum. Um jejuador era mantido em uma jaula durante quarenta dias, assistido pelo público que se revezava dia e noite para torcer pelo artista e garantir que ele não se alimentasse às escondidas. No conto de Kafka, o artista da fome dizia aos que o escutavam que ficar sem comer não era nada difícil. Pelo contrário, parecia-lhe a coisa mais fácil do mundo. Os ouvintes, incrédulos, sentiam-se enganados e o acusavam de ocultar o segredo que ele tentava revelar.

Com o tempo, o espetáculo do jejum deixou de interessar o público. O artista, então, assinou um contrato com um circo e tornou-se uma atração colateral a ser apreciada nos intervalos do espetáculo. A jaula do jejuador ficava a caminho dos estábulos, e as crianças passavam apressadas para ver os animais selvagens, lançando soslaios para o homem dentro da jaula, e às vezes perguntavam ao pai o que era aquilo, o que fazia aquele homem ali dentro, e ele lhes falava do tempo em que o jejuador fazia muito sucesso em toda a região.

Mais tempo se passou, e não apenas o público, mas a própria trupe circense acabou se esquecendo do jejuador. Na cena final do conto, o administrador pergunta aos outros por que uma jaula em tão bom estado se encontrava vazia e sem uso. Os funcionários se aproximam e encontram o jejuador, quase morto na palha seca. O administrador se aproxima, e é aí que o artista da fome lhe revela que a sua apresentação era uma forma de recusa, que jejuava porque nunca encontrara o alimento que o satisfizesse. Foram suas últimas palavras.

Terminei o pingado. Olhei para o pão de queijo pela metade. Pedi um saquinho para viagem. Não comeria mais aquilo.

*

Na semana seguinte à nossa chegada, começamos a frequentar a feira de orgânicos que acontecia todos os fins de semana no Parque da Água Branca, em São Paulo. O governo havia acabado de aprovar centenas de pesticidas e agrotóxicos banidos no restante do mundo para o uso indiscriminado nas plantações brasileiras. Já que podíamos, não fazia sentido não consumir produtos orgânicos. A comida local e sazonal tinha outro gosto. Conhecemos os produtores, pedimos orientações e trocamos receitas. Abraçamos uma cozinha simples. Batatas-doces no forno com páprica. Berinjelas direto no fogo acompanhando a rúcula. Folhas de peixinho empanado, batatas yacon, ovos de galinhas alimentadas com algas. Incluí o arroz integral na dieta, mas não me restringi a ele. Alguns meses antes de virar moda, comecei a fazer o meu próprio pão de fermentação natural. Aderi ao leite integral, desses que estragam em uma semana. Perdi o medo da manteiga. Adquiri um moedor, porque agora comprava o meu café em grãos. Nosso consumo de carne ou peixe caiu para uma a duas vezes na semana. Ficamos ainda mais fãs dos cogumelos. Chá verde com arroz tostado foi uma das muitas descobertas. Assim como os fermentados, que eram todo um universo. Não passávamos uma semana sem aprender algo novo na cozinha. Buscamos a distribuidora de pescadores locais. Encomendamos o queijo de fazendas do interior de São Paulo e Minas Gerais.

No mês seguinte à nossa chegada, fiz uma última consulta ao consultório da minha nutricionista. Fazia meses que não me pesava, e ela me convidou a subir na balança. Perdera dois quilos. Dois quilos, depois de meses provando de tudo na Ásia, era um sucesso. Funcionava. Eu perdia peso sem apelar para uma dieta restritiva. Pela primeira vez na vida adulta, eu me sentia livre da obsessão com o meu peso. "Você não precisa mais de mim", ela disse. Eu tinha as minhas dúvidas. Ainda estava inseguro. E se eu recaísse? E se voltasse a engordar? "Agora você sabe o que fazer. E sabe que uma recaída não vai tirá-lo do caminho, não será autorização para uma compensação excessiva. Porque não há nada a compensar. Tudo está permitido. Se engordar um pouco, saberá identificar o que está errado. Quem passa pela experiência da propriocepção, quem volta a sintonizar-se com as regulações internas dificilmente perde essa sintonia."
E, de fato, a consulta tinha sido em agosto; em novembro, a balança apontava um quilo e meio

a menos. Em fevereiro, menos um quilo. Depois de um tempo, meu peso se estabilizou num patamar tranquilo. Eu era um sujeito magro e estava feliz com o meu corpo. Era um corpo comum. Bastava. E agora eu sabia o caminho das pedras. A realidade era mais interessante e complexa que o meu próprio umbigo.

Pensar na comida não é um capricho. Cada vez mais, vemos que existe um movimento ativo de resistência à indústria predatória de fabricação de alimentos. São cozinheiros, donos de restaurantes, lideranças locais, jornalistas, biólogos, nutricionistas, ambientalistas, cientistas e sociólogos que, diante da pressão da agropecuária *mainstream* e dos *lobbies* das monoculturas no Congresso, empreendem uma resistência ativa. Trata-se também de uma resistência íntima — no sentido de um movimento de aproximação e de contato. Essa resistência se alia ao resgate dos prazeres à mesa, à defesa da comida de qualidade, ao respeito à cadeia produtiva, e não apenas de sua função de matar a fome e suprir o organismo com nutrientes. É o contrafluxo de nossas raízes puritanas, dos imperativos simplistas do capital. É o retorno aos sentidos.

Veio a pandemia e com ela a consciência de que esse é um debate de vida ou morte, de sobrevivência da espécie humana, de mudança de paradigma e das estruturas produtivas. Nos primeiros meses de isolamento, com as pessoas trancadas em casa, as águas da Baía de Guanabara ficaram transparentes. O mesmo aconteceu nos canais de Veneza. Em um vilarejo na Tailândia, os macacos tomaram as ruas e as emissões globais despencaram. Isso durou pouco, mas não faltou quem dissesse que agora aprenderíamos a respeitar o planeta, que sairíamos criaturas melhores desta história. Outros, mais realistas, argumentaram que os anos pós-pandemia seriam de excesso e consumo desenfreado. Nesses anos, o Brasil empobreceu. Um inquérito nacional em 2022 descobriu que 58,7% da população vivia em algum grau de insegurança alimentar. Voltamos ao mapa da fome. Retornamos à penúria. E com ela, à voracidade.

Se o jardim da civilização humana foi até hoje regado com o sangue das espécies, povos e grupos subjugados, é evidente que, a partir desse ponto da história, sobreviveremos apenas se formos capazes de dominar os apetites e estimular uma poética da sobriedade e da suficiência. Desde o fim da Segunda Guerra, todos os movimentos sociais revolucionários encampam a necessidade de contenção — não mais a inteligência do poder fazer, mas a do poder não fazer: você pode atirar uma bomba atômica no país vizinho, mas isso não será muito prudente. Você tem a capacidade bélica para ocupá-lo, mas talvez não seja uma boa ideia. Você já tem a capacidade tecnológica de transformar a floresta num grande pasto e cuidar do campo com a ajuda de maquinário automatizado; ou transformar as praias em *resorts*, o oceano em esgoto, os mangues em qualquer outra coisa.

Mas esse ponto alto de potencial tecnológico não corresponde à inteligência humana, porque ações que nos conduzam à extinção não podem ser consideradas verdadeiramente inteligentes, por mais sofisticadas que sejam. Com apenas duas moedas no bolso, você não terá escolha além de comprar um pacote de biscoito recheado. Porém, se restar-lhe a opção de comer outra coisa, será que deveria se contentar com aquilo? Você tem um automóvel que chega a 180 km/h, mas nenhuma estrada, com exceção de algumas *autobahns* alemãs, te autoriza a atingir essa velocidade. E mesmo se ela fosse autorizada, por que você o faria? Com um par de bíceps acostumados a erguer halteres de dez quilos, você já tem a hipertrofia suficiente para impor pela força a dominação conjugal. Mas se antes o abuso e a violência doméstica eram um dado da realidade, hoje eles são crimes. Ainda é pouco: queremos acreditar que uma sensibilidade, à custa de muita luta e militância, começa a ganhar espaço.

Não é um movimento apenas generoso. O que está em jogo é a nossa sobrevivência em um planeta que já sente saudade de si mesmo, que já é a ruína de si mesmo. Veremos se a potência ilimitada, a ânsia por acumulação e a falta de empatia são atributos da espécie ou da cultura — e, portanto, históricos. Em outras palavras, se a nossa tendência à expansão destrutiva é parte do que somos, ou se é mesmo a fome que devemos responsabilizar. Caso seja um traço genético humano, uma marca indelével da espécie, estamos condenados. Se não substituirmos a inteligência do poder fazer pela do poder não fazer, nossos cérebros, ainda que imensos se comparados aos do Brontossauro e do Tiranossauro Rex, não terão sido suficientes para substituir o ímpeto de dominação pelo de convivência.

    No conto de Kafka, depois de enterrarem o artista da fome junto com a palha velha, o pessoal do circo ocupa a jaula com um felino forte e vigoroso. Todos admiram a sua voracidade e seu poder se limita a comer. Em breve, saberemos se a nossa inteligência pode alcançar a recusa do artista ou se ela sempre se limitou às mandíbulas da fera.

Parte III

Divã Jangada

> "The stars look very different today."
> David Bowie, *Space Oddity*

> "Be like water, my friend."
> Bruce Lee

1. Como decidi comer os cogumelos mágicos

Pendurada no espaldar da cadeira, a echarpe roxa parecia a flâmula de um navio, o prolongamento de um sonho interrompido. Terminei de me arrumar em silêncio na penumbra da sala. Dormira um sono leve, insuficiente. Anuviado pelo cansaço, procurava pensar se esquecia de algo. Estava pronto para mais uma viagem.

Faltavam quinze minutos para a chegada do motorista, e um café parecia uma boa ideia. Fui até a cozinha e coloquei água para esquentar. Olhei pela janela. O bairro dormia. Nada do rumor constante de automóveis, do zumbido das motos, dos pratos e cordas da escola de música vizinha. Às quatro da manhã, a cidade era um bom lugar para morar. A água começou a ferver, e passei o café. Precisaria mesmo da echarpe? A mala que levava era pequena para a variação climática do Cerrado, famoso por suas noites frias e dias quentes. Mesmo assim, arrumara tudo em dois tempos. O mais difícil eram os detalhes. Como a echarpe. Fui apanhar uma revista. Caso não pegasse no sono — eu nunca pegava no sono durante o dia —, teria algo para ler no avião. Beberiquei o café. A vista da echarpe apertava o meu peito.

    É difícil precisar o que leva alguém a tomar uma decisão, a fazer uma escolha dentre tantas outras, a deixar um cenário incerto e abraçar uma certeza. O impulso súbito de parar de fumar. O ímpeto de trancar uma faculdade, largar um emprego, mudar de cidade ou de país. A convicção gradual, dolorosa, de que as diferenças no convívio contaminaram o sentimento amoroso e uma separação é inevitável.

    Algumas pessoas, sabemos, são mais propensas que outras a tirar conclusões, e isso pode ser um defeito e uma qualidade. E há sempre os que não estão certos de nada, e que são legião. A convicção é a base das escolhas motivacionais, é a ciência da propaganda, o pilar da autoajuda. Existem convicções à venda, como o minimalismo, o progresso, o patriotismo, o jejum intermitente, a meritocracia, os milagres do *crossfit* e o terraplanismo. E há o humor que debocha da seriedade de todas as convicções e que nos presta um importante serviço.

    Invejamos os decididos. Aqueles que, em criança, já sabiam o que queriam. Os precoces, os resolutos, os que tomam uma decisão e a sustentam, mesmo que essa decisão seja a de retirar-se do cassino das decisões e viver à beira-mar. E, meio contraditórios, invejamos também os virtuosos, os vencedores, os que cedo madrugam. A obstinação asiática, a determinação norte-americana, as biografias de líderes e artistas.

Não são como nós, os indecisos. Nós nos deixamos devorar pelo canto das sereias. Permitimos que nos seduzam o tempo todo. Buscamos uma tábua de salvação no dobrar de cada esquina. Tudo para nós é sinal, é mensagem, é um segredo que deve ser revelado e o estigma de nossa insuficiência. Somos escravos em busca de um senhor, e o nosso senhor é a convicção que pedimos às cartas, às sessões de terapia, ao messias da vez.

Queremos que escolham por nós — e queremos preservar a liberdade de escolha. A pobreza é um constrangimento brutal, neste sentido. Sem dinheiro, sem formação, restam poucas ou nenhuma opção, uma humilhação numa sociedade que equipara liberdade e felicidade individual. As sublevações da Revolução Francesa podem ter brotado daí. Para o camponês, a liberdade de comprar uma terra e trabalhar para si. De fazer outra coisa, quem sabe. Os burgueses queriam mais: moldar o mundo à sua imagem. A monarquia era uma convicção moribunda. Duzentos anos mais tarde e a classe média amanheceu impregnada de opções e carente de monarquias. Judô ou violão? Medicina ou Biblioteconomia? Ter ou não ter filhos? Este computador ou aquele plano de saúde? O anseio pela liberdade foi substituído pela angústia do arbítrio e do que ele revela sobre nós mesmos. Veio a espiritualidade *à la carte*. Qual é o meu destino? Quem sou, afinal? E quem escolho para me dar a resposta? Estamos condenados à liberdade.

Mas quando foi que a dúvida passou a nos paralisar? Afinal, ela era um ponto de partida de toda investigação moderna. O ceticismo, o questionamento constante, o não-saber como método, o espírito crítico, a desconfiança salutar diante de palavras de ordem e ideologias abriam caminho para a construção de um mundo mais inclusivo, que dispensara os velhos protocolos sociais e as tradições caducas. Ainda nos anos 1960, a dúvida parecia o mais razoável dos alicerces, a partir do qual se podia ressignificar a cultura, a natureza e a sociedade. O mundo ficava cada vez menor e as convicções eram as inimigas — eram elas que levavam os meninos para as trincheiras e as meninas para a cozinha. Era o cânone dos beatos que abençoava as masmorras dos estados de exceção. A certeza sempre foi conservadora. A certeza das bandeiras e dos nacionalismos. A certeza dos cargos e funções. A certeza do bom ladrão, do escravizado servil, a certeza eficiente do tecnocrata devorador de mundos.

Quando foi que a dúvida deixou de ser uma boa companhia?

Talvez quando o excesso de escrúpulos nos tenha silenciado diante da pregação dos inescrupulosos. Quando a verdade, sempre frágil e provisória, viu-se paralisada perante as falsas verdades. Quando assistimos a uma geração de jovens apáticos desperdiçando a vida em mundos virtuais e bolhas de proteção. Quando a dúvida passou ao corpo na forma de fibromialgias, intestinos irritáveis, transtornos compulsivos, automutilação e melancolias profundas. Quando nos demos conta de que o ponto de partida é um lugar em que você pode permanecer a vida toda. Um útero eterno. Quando já não conseguimos precisar os critérios de uma escolha, e quando as únicas coisas sobre as quais podemos decidir são as mais irrelevantes. A dúvida tornou-se virulenta quando as escolhas se desligaram dos princípios e dos valores e a nossa histeria evitativa nos impediu de dar um mergulho, qualquer que seja. A dúvida deixou de ser uma boa ideia porque perdeu a graça.

Sei pouco da história social das dúvidas e certezas, mas sobre as minhas próprias dúvidas tenho propriedade para falar. Passara a vida obcecado por uma certa ideia de realização que, aos quarenta anos, me fazia infeliz. Estava em crise. Precisava abandonar essa obstinada convicção, a única coisa que restara de um mar de dúvidas.

Minha angústia nascia de uma ignorância crescente em relação ao mundo, de uma visão demasiado estreita e narcisista. Era algo que eu talvez precisasse fazer: ocupar-me de algo mais abrangente que as pequenas virtudes e os pequenos hábitos. Se a minha atenção se concentrasse em algo para além da realidade imediata, essa realidade se tornaria mais suportável.

Foi o começo de uma investigação, a continuidade da reflexão sobre a dieta da suficiência e a abertura para aquela fotografia do macaquinho carbonizado no Pantanal.

Chegou a pandemia. Um eclipse que sobrepunha a crise planetária e a pessoal.

E lembro de pensar que momentos extremos pedem atitudes extremas.

Foi assim que começou para mim. Foi assim que decidi comer os cogumelos mágicos.

A mala aguardava diante da porta. Sobre a mesa, o celular começou a piscar. Era o motorista, que me aguardava lá embaixo. Dei o último gole no café. Destranquei a porta e firmei o punho na alça da mala de rodinhas. Por impulso, voltei-me para a imobilidade da sala. Avistei a echarpe roxa no espaldar.

Apanhei-a, enrolei-a no pescoço. Com a mala em punho, tranquei a porta.

2. Mel e Luíza em Alto Paraíso

Nossa xamã se chamava Mel, uma jovem trans de 26 anos que vivia em Alto Paraíso de Goiás, uma pequena cidade situada numa região semipreservada de rios e cachoeiras, cânions e vegetação seca, debaixo de um céu imenso e nuvens abundantes. Foi ali que a Mel passou a viver com a companheira, a filha pequena das duas e uma tímida cachorrinha, depois de ameaças de um vizinho, em um caso de assédio assumidamente homofóbico. O episódio foi a gota d'água. Decidiram partir.

Para onde? Consultaram o tarô, virando uma carta para cada estado. Deu Goiás, paisagem de caubóis, da sede federativa, planalto árido do Brasil profundo e da monocultura, mas também uma terra prometida da cultura *hippie* nos anos 1960. Desde esse tempo, o povo goiano nativo convive com uma comunidade que vem de fora em busca de uma redefinição dos valores do consumo, para quem Alto Paraíso é um oásis energizado de montanhas e cavernas que se assenta sobre uma placa enorme de cristais de quartzo. O bioma do Planalto Central é o Cerrado, onde tudo queima e renasce, a terra mais biodiversa do mundo, segundo dizem. O vilarejo fica no mesmo eixo imaginário do paralelo 14 de Machu Picchu, as ruínas do Império Inca, no Peru, e há quem fantasie a existência de túneis subterrâneos de milhares de quilômetros que ligam os dois sítios. O lugar é também um polo conhecido de ufólogos que organizam simpósios e revistas especializadas e recolhem depoimentos e registros caseiros de testemunhas de objetos luminosos voadores não identificados, em uma subcultura que parece ter mudado pouco desde os anos oitenta. Na entrada da cidade, há a escultura desengonçada de um disco voador, e o pequeno comércio local brinca com a representação de criaturas verdes de braços e pernas finos e cabeças enormes.

Como em todos os lugares, a cultura alternativa original parece ter sobrevivido à pretensão malograda de construir uma bolha anticapitalista. Alto Paraíso não passa, para a maioria, de uma praia mais "alternativa" dos brasilienses. Talvez os idealistas tenham desistido de converter os locais, que descobriram no fluxo turístico uma chance de incrementar a renda, ou talvez os próprios alternativos tenham entendido que viver fora do sistema cobraria um preço psíquico alto demais. E por falar em preço, até o Palo Santo — madeira aromática da região do Peru — custava caro em Alto Paraíso. Em uma pousada, vendiam-se *pizzas* "alienígenas" em um ambiente no qual Raul Seixas e Mercedes Sosa parecem ter sido trocados pela euforia juvenil da música eletrônica. Para muitos habitantes, o princípio de uma vida diferente — com certo isolamento, certa calma, uma vida comunitária, alimentação orgânica — se conservava. Aos olhos de quem chega, porém, essa vida se resumia às mesmas práticas da sociedade globalizada sob outros rótulos. Se em São Paulo um empreendimento imobiliário leva o nome de "Residencial Louvre", em Alto Paraíso você encontrará um projeto mais modesto, chamado de "Chalés Gengibre", o que provoca a mesma náusea, o retrogosto de ideias pasteurizadas. Permaneceu a casca, a aparência, o exoesqueleto daquilo que uma vez pareceu um sonho ingênuo e bonito.

Quando conhecemos a Mel e a Luíza, fazia dois meses que elas tinham se mudado para Alto Paraíso. Tardou um pouco para que encontrassem uma casa agradável para alugar. Compraram um velho e robusto automóvel e seguiam em trabalho remoto na leitura de mapas astrais e cartas de tarô, desdobrando-se com o sinal instável de internet da região. Juntas, elas tinham quarenta mil seguidores no Instagram, a base de seu trabalho de consulta e orientação. Conseguiam manter contas pessoais e profissionais ativas e atualizadas. Bastava uma zapeada nos perfis para ver quão bem compreendiam o formato digital e dominavam a linguagem das redes, disseminando versos-reflexões que cativavam o seu público. Eram figuras de inspiração. Embora vivessem retiradas em uma pequena cidade, a impressão que tive foi a de que eram acompanhadas por uma vasta rede de contatos, ampla o suficiente para que sentissem algum conforto, mas suficientemente distante para que esse conforto não se traduzisse numa sensação mais sólida de segurança. Para certas pessoas, o mundo segue sendo um lugar perigoso, não importa muito para onde se vá.

3. O mundo invisível

As primeiras luzes da manhã refletiam as poças do pátio de aviões. Comissários resolviam pequenas demandas dos passageiros, que se acomodavam nos assentos, ainda distraídos com seus aparelhos celulares. Guardei a mochila no compartimento de bagagem, retirando de lá a revista que havia apanhado no apartamento. Afivelei o cinto no momento em que uma comissária dava início à mímica das instruções de segurança.

A minha crise pessoal, o desejo de abandonar as distrações da neurose e dar vazão à curiosidade exploratória do mundo natural voltou-se para o mundo invisível. Para a constatação de que existe mais vida microscópica do que vida visível em nosso planeta. A coisa parecia assombrosa tanto para a poesia quanto para a biologia: o mundo microbiológico é mais vasto que aquele que conseguimos enxergar. O pequeno é maior do que o grande.

E o reino dos fungos, dos cinco definidos pela Biologia, guardava as fronteiras entre o visível e o invisível. Minha consternação apareceu em um dia como qualquer outro, enquanto lia um livro sobre alimentação e meio ambiente, e o autor abriu uma breve digressão sobre fungos.

Ali se dizia que os cogumelos eram mais parecidos com animais do que com as plantas. Que se tratava dos maiores seres viventes do planeta, que a maior criatura viva já encontrada não era um mamífero ou uma árvore, mas um fungo de quase quatro quilômetros de diâmetro na região de Oregon, nos Estados Unidos, do gênero *Armillaria*. O livro resgatava algo que eu já sabia, que os cogumelos não processavam a energia por meio da fotossíntese (não são verdes como as folhas das plantas, não se valem da clorofila) e que, por isso, eram criaturas de poucas calorias (calorias são energia solar). Certo tipo de fungo, os saprófitos, retirava sua energia da decomposição. Se a terra é o estômago do planeta, os fungos são as enzimas desse estômago, ocupando-se de transformar criaturas mortas em nutrientes para as vivas. Se não houvesse os fungos, protagonistas essenciais do ciclo biológico, as plantas e os animais mortos não entrariam em decomposição. Com o tempo, as folhas mortas de uma floresta formariam um manto que sufocaria todas as plantas.

Os cogumelos são os "frutos" dos fungos, o seu componente visível. Mas apenas 10% dos fungos produzem cogumelos. A porção subterrânea constitui-se de uma rede de hifas microscópicas, que são como raízes invisíveis, células longas que se espalham pelo solo, formando redes chamadas de micélios, que funcionam como uma trama neuronal e comunicativa das florestas, condutora de nutrientes e impulsos elétricos. Graças aos micélios, certas árvores nutrem os seus "filhos", árvores mais jovens que brotaram das sementes das árvores mães.

    Era a primeira vez que ouvia falar da enorme importância do elemento colaborativo na seleção natural. Entendia que animais como os macacos haviam desenvolvido o instinto comunitário porque assim tinham mais chance de sobreviver a ameaças naturais. Ao longo das décadas, entretanto, o que mais ouvimos da teoria darwinista é a seleção do indivíduo mais apto, dos grandes eliminando os pequenos, até porque isto justifica e naturaliza o espírito predatório nas culturas capitalistas. Trata-se de uma visão reducionista da seleção natural, que não dá conta da importância da variedade genética na preservação de uma espécie como um todo.

    O que me parecia novo e revolucionário é que havia uma trama entre várias espécies. Que não apenas os animais, mas os vegetais e os fungos também colaboravam, e que as florestas eram uma grande entidade. Árvores solitárias têm mais chance de adoecer e menos chance de sobreviver, se comparadas a espécimes que vivem em bosques e matas. Um estudo da Universidade da Colúmbia Britânica injetou isótopos radioativos em abetos. Ao longo do dia, puderam rastrear reservas nutritivas transferidas de árvores para árvores em um raio de trinta metros, em um total de 47 ligações, sendo que as árvores mais velhas serviam de eixos centrais da rede comunicante.

Árvores compartilhavam nutrientes. Árvores alimentavam os seus descendentes. E os fungos tornavam isso possível. Os fungos eram os órgãos comunicativos da floresta.

Fungos micorrízicos, esses que se ligam às raízes das plantas e das árvores, produzem uma substância chamada glomalina, que dá liga ao solo e o deixa impermeável. Sem isso, a terra é farinha, arenosa e suscetível às intempéries. As redes fúngicas protegem e sustentam biomas inteiros. Os fungos são os responsáveis por transformar um pedaço de terra em solo fértil, por produzir uma variedade de nutrientes que geólogos e nutricionistas ainda estão quebrando a cabeça para compreender, e que acabam por resultar naquela riqueza bioquímica presente em todas as criaturas vivas, como as frutas e verduras orgânicas que eu passara a consumir. A noção ecológica de que o solo é uma entidade viva não é uma ficção, uma metáfora, os solos não desgastados pelas atividades humanas possuem uma complexidade que os laboratórios químicos jamais puderam emular com os seus fertilizantes.

Foi graças às leituras seguintes que entendi por que certos cogumelos podiam ser facilmente cultivados, e por isso acabavam chegando mais facilmente às nossas mesas. Era o caso dos saprófitos, como os agáricos, os *bisporus*, o *shiitake* e o *maitake*, ao passo que outros, os micorrízicos, como os Porcini e os chanterelles, exigiam todo um hábitat para se manifestarem. Lembrava-me de que as trufas eram um ingrediente bastante comum na culinária tradicional europeia do século XIX, populares e fáceis de encontrar. Ao longo do século XX, os biomas que condicionam o surgimento das trufas foram gradualmente extintos pela presença humana e, em decorrência disso, hoje esse fungo é uma iguaria, consumido em lascas e vendido em gramas. Na Europa, existem até casos de crimes passionais motivados pela caça às trufas.

Sabemos que as trufas estão desaparecendo porque são apetitosas ao paladar humano. Mas e todas as outras microcriaturas que nunca chegamos a conhecer, e que talvez fossem essenciais para a nossa sobrevivência, para a cura de doenças que ainda não apareceram? Estima-se que existam, hoje, três milhões de espécies pertencentes ao Reino Funghi. Apenas cem mil espécies foram descobertas pelo homem. Mal começamos a desvendar as propriedades desse mundo invisível que sustenta o nosso. E que talvez possa nos salvar.

Não é exagero. A penicilina, o primeiro antibiótico descoberto pelo homem, é derivado de um cogumelo. Certos tipos de *shimejis* pretos parecem ser as únicas criaturas conhecidas capazes de digerir dejetos petroquímicos, remediando a poluição de regiões contaminadas. Outras espécies brotam em paisagens recém-desmatadas por incêndios e ajudam na recuperação de pacientes com câncer.

Os fungos têm uma longa história de convivência com as culturas humanas. No curso de séculos, as mesmas espécies de cogumelo foram apropriadas em diferentes rituais e funções. Consideremos a *Amanita muscaria*, por exemplo, utilizada pelos *vikings* para anestesiar os guerreiros e produzir um ímpeto furioso durante os combates, estimulando movimentos repetitivos. A mesma espécie é usada pelos chineses para espantar as moscas dos alimentos e pelos siberianos para apascentar as renas. Aqueles que consomem a *Amanita* têm a sensação de estar crescendo de tamanho. É o cogumelo que aparece em *Alice no País das Maravilhas*. E o mesmo que faz crescerem as figurinhas de Mário e Luigi, os encanadores do clássico *video game* Super Mario Bros.

Há quem acredite que os cogumelos extraiam sua energia da lua, da mesma forma que as plantas se alimentam da luz solar. Cogumelos são criaturas misteriosas, comumente associadas à vida noturna, ao mundo dos mortos. Os cemitérios são bons lugares para encontrá-los. É por isso que os mexicanos os chamam de *carne de los muertos*. Como garantem a vida no planeta a partir da reciclagem de material orgânico, e como grande parte deles é extremamente venenosa, os fungos carregam uma imagem ominosa no imaginário da civilização humana.

Dos cogumelos para a sua variante "mágica", foi um passo. Depois de meses de leituras, deixando escapar a curiosidade nas raras conversas com amigos, contando as histórias de como os cogumelos mágicos foram descobertos e redescobertos nos últimos anos, das investigações científicas que os endossam para tratamentos psicológicos, formou-se um pequeno movimento que culminaria em nossa viagem subversiva. A terceira deste livro.

Era esse o propósito da viagem. Faríamos um turismo psicodélico. Tempos extremos requerem ações radicais. Ou nem tanto: não éramos uma célula subversiva, um movimento contracultural, mas uma formação acidental de quatro adultos de mais de quarenta anos em uma casa em Alto Paraíso, que, após enfrentarem a resistência e a desconfiança de seus parceiros e filhos, deixaram suas casas para uma experiência incomum. Uma viagem proibida em muitos sentidos, calculada e imensurável. E que só poderia ter acontecido da forma como foi, em meio a esse risco invisível e global.

Uma grande distância me separava dos psicodélicos. Os ácidos estavam fora de moda para a minha geração e as pessoas do meu meio não falavam sobre o assunto. Hoje penso que uma das razões desse silêncio seja a campanha difamatória dos anos 1960 contra os psicodélicos. Ainda repercutimos os efeitos da demonização dessas drogas. A propaganda negativa funcionou tão bem que aquilo que me atraiu em toda essa história passava longe das anedotas de psiconautas de LSD ou mescalina. A meu ver, os *junkies* dos anos 1960 eram um pouco como crianças desamparadas. Achava triste uma sociedade cujos contraventores precisassem se acabar à beira de uma estrada ou em banheiros imundos para se sentirem liberados. Não é uma percepção moralista, ao menos é o que penso. Todo mundo deveria ser livre para fumar, beber e injetar o que quisesse, desde que fosse uma escolha verdadeiramente consciente. Mas eu tinha a impressão de que a contracultura não dava conta de lidar com algo que o capital produziu e não para de produzir: o desamparo e a solidão. O caráter autodestrutivo da negação de um estilo de vida não era muito diferente daquilo a que ela se opunha.

Experimentei muita coisa antes dos trinta. Essas pequenas loucuras me fizeram bem. Não me impediram de construir uma vida, cursar mestrado e doutorado, escrever diversos livros, desenvolver um pensamento crítico, fazer e manter amigos. Se minhas viagens e excessos queimaram alguns neurônios, devem ter sido os mais periféricos. Mas é claro que se você não tem uma base social consistente, alguma ambição, recursos materiais e psíquicos, essas drogas podem acabar com você. São experiências intensas, devem dar-se em situações saudáveis, num ambiente acolhedor, protegido, na presença de bons amigos.

Acontece que nenhuma dessas drogas alterava a sua visão de mundo ou turvava a fronteira entre o eu e o outro. Elas provocam euforia, relaxamento, torpor. A maconha o deixa à vontade, aberto para ouvir uma boa música. Pode dar sono ou paranoia, soltar o riso e as ideias. A cocaína é uma droga nervosa, combustível de plantonistas e *stock-brokers* — estimula a compulsão e anula a noção do tempo. Muito diferente, por exemplo, do *ecstasy*, que estimula o prazer sensorial e se abre para uma viagem amorosa, sensual.

A maturidade nivela as novidades. Já fazia alguns anos desde que não provava algo que não fosse uma cerveja de fim de tarde, ou um cigarrinho de fim de semana. O meu tempo das experimentações terminara sem alarde. Alucinógenos não estavam no horizonte, até porque me assustavam um pouco. Alucinar para quê? Já me custava assimilar o presente. A realidade era uma viagem à parte. Os dias passavam a galope e não precisava de mais um passatempo. E eu já sentia a desaceleração gradual da idade e dos meus automatismos para querer provocar mais confusão e torpor. Nunca vira um fantasma e nem queria ver. Estava de boa.

Sem mencionar as histórias que acumulamos ao longo dos anos. Tive um amigo que passou a frequentar uma religião que tem como base o consumo ritual da *ayahuasca* e, desde então, esse amigo passou a recusar a própria homossexualidade. Casou-se com uma mulher, teve filhos, porque achou que era o certo a fazer. Na época em que frequentava os rituais, parecia outra pessoa, e acho mesmo que quisesse se tornar outra pessoa. Sempre que eu perguntava como ele estava, a resposta era um vidrado sim, está tudo bem, está tudo ótimo. Não havia mais os pormenores da conversa, não havia um porém, um obstante, uma passagem divertida, a fragilidade que nos torna humanos, consistentes, contraditórios. Aquele "está tudo bem" não me convencia. Ele percebia isso, e durou pouco até pararmos de nos ver, porque decerto a turma do chá era mais alinhada ao seu novo pensamento, e eu representava um ceticismo chato para quem quer acreditar em alguma coisa. Lamentei a distância, torci para que fosse feliz.

Um outro amigo que tomou *ayahuasca* me disse uma vez que a experiência equivalia a dez anos de terapia.

— Que ótimo — falei.

— Não — ele respondeu. — Eu preferiria ter feito os dez anos.

4. O cogumelo subversivo

Ainda assim, havia a psilocibina, uma palavra pouco atraente, fácil de esquecer. Um trava-línguas cheio de consoantes, praticamente um nome de remédio. Graças a isso, a substância sobreviveu às campanhas difamatórias das últimas décadas. A psilocibina soava como uma novidade. Para mim, fazia todo o sentido, quando entrevistei a Mel ao telefone antes de conhecê-la, que a *ayahuasca* fosse para ela uma viagem mais triste, mais pesada, ao passo que o cogumelo parecia sempre alegre, uma substância *deleuziana* que desvela uma nova pergunta a cada instante e que nunca se deixa capturar.

O México abriu as portas do mundo moderno para a psilocibina. Consumida de modo ritual há centenas de anos pelos mazatecas antes da chegada dos espanhóis, os cogumelos mágicos eram considerados mensageiros dos deuses. Do século XVI, sobreviveram os apontamentos de um certo missionário espanhol, Bernardino de Sahagún, que conseguiu traduzir o espanto dos colonizadores diante do corpo de um Cristo mais interativo:

"Estes eram comidos com mel antes do amanhecer, e eles também bebiam cacau antes do amanhecer. Os cogumelos que comiam com mel os aqueciam, e eles começavam a dançar, e cantar um pouco, e alguns choravam [...] Alguns não queriam cantar, mas iam se deitar nos quartos e ficavam imersos em pensamentos. Alguns tinham visões de que estavam morrendo e choravam, e outros imaginavam estar sendo devorados por um monstro, ou sendo levados como prisioneiros de guerra [...] Outros ainda se viam cometendo adultério e achavam que teriam as cabeças esmagadas por isso [...] Então, quando a embriaguez dos cogumelos passava, eles conversavam sobre suas visões."

Bem antes da criminalização das drogas psicodélicas no século XX, os cogumelos haviam sido banidos pelos espanhóis, que viram naquelas criaturas uma ameaça. Considerada "a carne do demônio" pelos europeus, a Igreja Católica Romana declarou em 1620 que o uso de plantas e fungos para adoração era uma superstição avessa aos valores cristãos. Quase todas as esculturas de cogumelos sagrados, supostamente comuns à cultura mazateca, foram destruídas. A censura foi tão bem-sucedida que os rituais do cogumelo tornaram-se um segredo por centenas de anos.

Tudo mudou com a chegada de um casal influente de micófilos amadores que, após a leitura de um artigo sobre o *teonanácatl*, o cogumelo sagrado dos astecas, viajou a Oaxaca na tentativa de participar do ritual. Depois de perguntarem aqui e ali em diferentes povoados, os micófilos conheceram a *curandera* Maria Sabina, que lhes convidou para uma cerimônia. A experiência resultou num artigo chamado *Seeking the Magic Mushroom* ("Em busca do cogumelo mágico") para a edição de 13 de maio de 1957 da *Life Magazine*, uma das revistas mais populares nos Estados Unidos naquela época. A publicação estimulou uma nova onda de euforia em torno dos psicodélicos, que provocou um fluxo de turistas curiosos, *hippies*, músicos, poetas e antropólogos, ao vilarejo no México.

A cerimônia, nessa viagem do casal ao vilarejo de Oaxaca, deu-se no interior de uma casa de adobe, as crianças cochilando em esteiras no chão, os cogumelos mastigados durante meia hora depois de um ritual de defumação.

"Pela primeira vez, a palavra êxtase assumiu um significado real. Pela primeira vez, aquilo não traduziu o estado mental de outra pessoa", escreveram eles no artigo para a *Life Magazine*. Os autores questionavam se o cogumelo não teria reforçado no homem a ideia do milagroso. A primeira coisa que os mexicanos diziam quando lhes perguntavam do cogumelo era que ele *"le llevan ahí donde Dios está"*, conduzem os homens ao lugar onde está Deus. E, para embasar o argumento, o artigo salientava certas coincidências, como a de que, segundo uma das escolas do budismo, o príncipe Gautama tenha chegado ao nirvana após comer um prato de cogumelos durante o jantar, ou o fato de que não apenas os gregos e os romanos, mas também os árabes, os persas, os filipinos, os maoris, culturas tão distantes e díspares, acreditassem que certo tipo de cogumelos era o fruto dos raios que tocam o solo, notadamente uma manifestação da potência divina. Hoje sabemos que existe apenas uma única cultura em todo o planeta, os inuítes, que não incluiu um psicoativo em seus rituais de cura e clarividência. E isso apenas porque não existe nas regiões árticas uma planta de efeitos alucinógenos à disposição.

Era a primeira vez que viajava a Brasília e passava tão perto da estrela da morte do poder federal. Nosso propósito era tão distante de uma viagem turística, estávamos tão apreensivos que não me ocorreu pedir que passássemos diante da Praça dos Três Poderes para avistar ao vivo o cenário de farsas, tragédias e comédias que sempre acompanhamos pelos jornais e telejornais. Pelo pouco que vi, a cidade lembrava o *campus* da universidade onde estudara, com seus estacionamentos baldios entre os blocos residenciais, um amplo espaço verde e arejado, sem cruzamentos movimentados e faixas carregadas de pedestres.

Virgínia nos aguardava à saída do aeroporto. Nos cumprimentamos à distância, ainda tímidos. Era cedo, mas o sol já ardia com força, e fomos buscar a sombra de uma cobertura. Aguardamos a saída de Andréa, cujo voo estava planejado para aterrissar dali a alguns minutos. Andréa vinha de Curitiba, eu chegava de São Paulo. E como previsto, em pouco tempo avistamos a nossa amiga, cumprimentamo-nos, como que despertos de um longo sono, entramos no automóvel e saímos dali. O plano era dar um pulo no apartamento de Virgínia, tomar um café da manhã e aguardar a chegada de Reynaldo, que, por conta de uma confusão com os voos, resolvera tomar um ônibus-leito que saíra na véspera da rodoviária do Tietê, em São Paulo, e chegaria a Brasília naquela manhã. Desde cedo, ele nos mandava mensagens impacientes avisando sobre o lento itinerário: Araguari, Catalão, Cristalina, Luziânia. Acho que ainda leva duas horas. Agora, uma hora.

 Depois de meses de isolamento sanitário, era bom ter outra prateleira de livros para olhar enquanto Virgínia passava o café. Andréa acendia um cigarro, sentada no parapeito da janela, e me acometia uma comoção adolescente com aquela reunião. Eu me sentia grato pela companhia, por elas terem topado aquela aventura. Mais que topado, tomaram a coisa para si. Virgínia e Andréa foram participantes de um dos meus cursos de escrita. Logo nutrimos uma admiração mútua.

 Passando uma camada generosa de requeijão no pão francês, tomando um café ainda mais saboroso por eu mesmo não o ter preparado, ocorreu-nos este fato impressionante, de como a nossa viagem não tinha nada daquelas outras que muitas vezes nos inspiraram. Naquela esquina da história em que vivíamos, a postura transgressora havia sido sequestrada pelo extremismo negacionista. Eram eles que festejavam e se gabavam de sonegar impostos, pescar em reservas ambientais e ultrapassar os limites de velocidade nas estradas. Nós, das esquerdas, nos agarrávamos aos princípios legais, à Constituição de 1988, à postura responsável, protegendo aos outros e a nós mesmos. Abraçávamos o rigor científico e a ideia da empatia comunitária, mas também a da longevidade e da importância de instituições sólidas. Frágeis como estavam, não nos cabia criticá-las.

Acender um cigarro às dez da manhã com minhas amigas em Brasília representava uma descompressão à necessidade visceral, adormecida, de uma rebeldia. Estávamos perdendo porque apenas a responsabilidade não bastava.

Fazia calor e a echarpe roxa que trouxera comigo voltou para a mochila, bem como a revista, que acabei não lendo no voo. O céu azul do Planalto Central, tão baixo sobre nossas cabeças, parecia uma ilusão de ótica, o efeito especial de uma cena de Hitchcock. Reynaldo e eu íamos no banco de trás, Virgínia e Andréa nos da frente. Com os vidros do automóvel semiabertos, o ar entrava com força sobre a estrada reta rodeada de monocultura, um tapete verde que ondulava como ondas monótonas. O porta-malas ia abarrotado, mas o motor do velho automóvel insistia. Alguém retomou o fio da conversa:

— Eu achava que esse lance dos psicodélicos havia começado com Timothy Leary, em Harvard.

— Leary apareceu depois — falei —, e é o sujeito que vem à mente quando se fala no assunto porque foi ele que deu publicidade à coisa e acabou estimulando a criminalização do uso. Mas, antes da psilocibina, fizeram muitos estudos com o LSD, ainda nos anos 1940. O cientista considerado o patrono ocidental dos lisérgicos se chamava Albert Hofmann, vocês já devem ter ouvido falar dele. Reza a lenda que a descoberta se deu por acidente. Hofmann ingeriu uma pequena quantidade de ácido no laboratório e voltou para casa de bicicleta. Quando a droga começou a bater, ele achou que estivesse enlouquecendo.

— Imagine, tomar uma droga sem saber! Deve ter sido uma experiência horrível — falou a Virgínia.

— Mas será que ele não provou aquilo de propósito? — contrapôs o Reynaldo.

— Eu penso isso. Afinal, eles sabiam que o fungo produzia efeitos. O esporão-de-centeio, de onde retiraram o LSD, foi utilizado por muito tempo para estancar sangramentos e induzir o parto, e é o que está por trás de muitas acusações de bruxaria e relatos de possessão demoníaca. Hofmann era jovem e curioso, um cara aberto aos encantos da ciência. Depois do que aconteceu, ele relatou os efeitos aos seus superiores. A farmacêutica passou a distribuir LSD para todos os cientistas e laboratórios do mundo dispostos a investigar a substância. Um hospital no Canadá fez umas pesquisas bem bacanas com alcoolistas. Parece que a metade dos pacientes largou a bebida. Durante muito tempo, um dos fundadores dos Alcoólicos Anônimos tentou implementar o uso de psicodélicos no grupo, porque, para esse sujeito, o psicodélico tinha sido fundamental para que superasse o vício.

— Li em algum lugar sobre o uso dos psicodélicos em Hollywood nos anos 1960, sobre como aquilo estimulou a cultura da época — comentou Andréa.

— Isso mesmo! — exclamei. — Combinar psicoterapia com psicodélicos virou uma pequena febre nos Estados Unidos e na Europa. A euforia era grande, porque todos sentiam que as defesas egoicas dos pacientes relaxavam sob o efeito dos cogumelos, que os conteúdos reprimidos afloravam e as pessoas pareciam de fato mais lúcidas e mais felizes por meses depois do tratamento.

Um grupo de psicoterapeutas em Los Angeles, continuei, contou com uma clientela de diretores de cinema, escritores famosos, músicos e atores. Alguns eram personalidades ilustres, como Anaïs Nin, Jack Nicholson, Stanley Kubrick e Cary Grant. Em uma entrevista que concedeu em 1959, Grant, um galã do cinema no auge da carreira, que protagonizara filmes de Hitchcock e dividira as telas com Marlene Dietrich, Toni Curtis e Grace Kelly, dissera ter passado por mais de sessenta sessões de tratamento com psicodélicos. "Tive meu ego arrancado. Um homem se torna um ator melhor sem o ego, porque há verdade nele." A febre era contagiosa, e muitos profissionais e artistas de Los Angeles e Nova Iorque começaram a promover sessões em suas casas.

— Se era assim, por que proibiram o tratamento? Se a terapia funcionava, se ajudava os pacientes e alguns deles eram tão famosos e influentes, o que foi que aconteceu? — Andréa perguntou.

— Acho que, do ponto de vista científico, as dúvidas sobre a eficácia do tratamento pareciam difíceis de elucidar. Afinal, os terapeutas também tomavam LSD, e esse entusiasmo poderia ser, e de fato era, um efeito da substância. Um experimento científico exige um enquadre controlado, e a substância virava tudo do avesso e praticamente propunha uma nova maneira de fazer ciência. Para muitos cientistas, era no mínimo incômoda a confusão entre experiência mística e prática terapêutica. Como escutar os pacientes com um mínimo de isenção? Os avanços do paciente seriam mesmo duradouros, ou era uma forma de embriaguez momentânea? E como garantir à comunidade médica que o tratamento com uma droga tão poderosa não provocaria efeitos colaterais mais sérios, não identificados de início?

— Mas este não é um efeito de todas as drogas? — perguntou o Reynaldo.

— Sim, pois é, mas a resistência era de se esperar diante de algo que mexe tanto com a consciência e com as bases da ciência. E havia outros problemas, porque os pacientes ficavam muito disponíveis, e essa receptividade tornava-os vulneráveis a qualquer tipo de sugestão. Pacientes sob tratamento psicanalítico apresentavam suas descobertas em termos psicanalíticos (o inconsciente, o recalcado, os complexos de Édipo), e as terapias jungianas sugeriam descobertas "jungianas", designando suas visões como arquétipos, sombras, inconscientes coletivos e assim por diante.

— Mas todo tipo de terapia depende da sugestão — interpelou a Virgínia. — É o que os psicanalistas chamam de transferência. Acreditar na terapia ajuda um paciente a se curar.

— Sim, mas esses eram argumentos do debate científico. A abolição do tratamento com psicodélicos partiu de outro lugar. Foi uma sentença da opinião pública, estimulada pelo sensacionalismo da imprensa e pela aversão moralista da sociedade.

— Foi quando o Timothy Leary entrou em cena — comentou Andréa.

— Leary teve a sua experiência, ficou fascinado e inaugurou um núcleo de pesquisa em Harvard, que sempre foi uma universidade muito séria e conceituada. Associou-se a artistas como Allen Ginsberg e outros integrantes da geração

Beat. A prática mais reservada das terapias psicodélicas obteve um alcance público e midiático que outros cientistas consideraram imprudente. A continuidade das suas investigações dependia de um certo grau de discrição. Tudo o que Leary não estava disposto a fazer.

Não levou muito tempo para que Leary reunisse em torno de si uma ampla comunidade de entusiastas, continuei. O LSD, os cogumelos e o peiote ganharam as ruas, a lisergia integrou a cultura, as artes, assim como um movimento de resistência à sociedade do consumo, à voracidade capitalista e às iniciativas beligerantes da Guerra Fria. Não à toa, em dado momento, o presidente Richard Nixon declarou Leary o inimigo mais perigoso dos Estados Unidos.

Longe do enquadre científico, do *setting* controlado de tratamento e experimentação, o consumo de uma substância tão revolucionária produziu algumas situações atípicas bastante sérias. Notícias passaram a circular — sem dúvida, ampliadas pela campanha conservadora — de gente se jogando da janela de seus apartamentos, jovens que entraram numa viagem e nunca mais saíram, *hippies* sem roupa caminhando pelas ruas, angariando adeptos da nova era de Aquário como se fossem testemunhas de Jeová. Eram casos raros, isolados, que não tinham tanto a ver com a droga em si, mas com o uso irresponsável e desorientado do ácido e dos cogumelos, o que se associava, isto sim, a um padrão de conduta hedonista alimentado pela indústria e pela publicidade, que considera que toda experiência cumpre a mesma função e serve ao entretenimento descompromissado. Não se comem cogumelos como se toma Coca-Cola, e a comunidade daquela vila em Oaxaca sabia muito bem disso. Havia um cuidado, uma iniciação, uma orientação específica sem a qual a psilocibina poderia representar um risco para quem a ingerisse. De algum modo, a maldição de Maria Sabina se concretizava.

— Maria Sabina? — interrompeu a Virgínia. — Quem é ela, mesmo?

— Era a xamã que acolheu o casal de micófilos em Oaxaca, no México, e os convidou para uma "velada". Quando o vilarejo se converteu num lugar de peregrinação *hippie*, Sabina teve a sua casa incendiada pelos moradores. Afinal, ela revelara um segredo preservado por centenas de anos. Numa das raras entrevistas que deu depois disso, ela declarou que entregar o cogumelo mágico ao homem branco foi um erro e que, a partir de então, os *niñitos* não fariam bem à humanidade.

Como não participara de nosso café da manhã, Reynaldo, que fora de ônibus até Brasília, interrompeu o papo e sugeriu que parássemos em algum lugar para comer. As meninas queriam fumar, e o anúncio na beira da estrada de um tal de bolinho goiano nos chamou a atenção. Ainda faltava uma hora para chegarmos a Alto Paraíso, e esticar as pernas não faria mal.

5. Renascimento

No momento em que escrevo, já atravessei a minha primeira experiência com os cogumelos mágicos. A semana veio e foi num rasante, o suficiente para nos conhecermos e conversarmos muito sobre o que aconteceu. Acendemos uma fogueira à noite, fizemos caipirinhas à beira da piscina de dia, visitamos cachoeiras e lagoas naturais no Parque dos Veadeiros. Passei meses lendo sobre os cogumelos, mas nada disso teria utilidade se eu não tivesse dado o mergulho, se tivesse aguardado pelo momento propício para fazê-lo. É como ler no jornal os comentários de uma partida de futebol que você assistiu ao vivo no estádio: a síntese e as descrições são ao mesmo tempo verídicas e estranhas. Nada do que li sobre a experiência de epifania toca a sua dimensão mais íntima, a sua perspectiva fluida, misteriosa, indecifrável. Tento escrever, não quero perder a proximidade das lembranças, quero seguir me alimentando de cada pequena surpresa do mergulho psicodélico. É como conhecer um país depois de passar muitos meses entre guias de viagem. Antes, aquilo que lia era apenas uma ideia: em Roma, há o Vaticano; no Vaticano, a Capela Sistina. Ali dentro, os afrescos de Michelângelo. Agora, posso me ver dentro do Vaticano, a cabeça voltada para as pinturas no teto. O que leio não me prepara mais para a experiência, mas me ajuda a pintar a caverna de impressões. Em certa medida, continuo a fazer parte dos afrescos.

Talvez hoje eu entenda melhor do que se trata tudo isso. Quando leio sobre os novos tratamentos na Imperial College, Hopkins, Universidade de Nova Iorque e na Universidade Federal do Rio Grande do Norte, a carga de promessa em torno desses psicotrópicos é definitivamente mais palpável. Mas, antes disso, seria preciso admitir o esforço imenso de um paciente que se submeteu a uma diversidade de terapeutas e tratamentos em saúde mental. Eu tinha razões para o meu ceticismo.

Não sei quantos anos foram — não fiquei contando —, mas a maior parte dos últimos vinte e cinco anos se passou com visitas regulares a um consultório analítico. Formei-me psicólogo, atendi em consultório. Durante seis meses, tomei um antidepressivo leve. Aprendi algo com a dança e a terapia corporal, uma elaboração dos desacertos psíquicos por meio do corpo e do movimento. Com 35 anos, achei que precisava de algo mais — uma prática que não envolvesse o palavrório, o enquadramento neurótico e sintomático. Foi quando viajei para a Tailândia e descobri a meditação Vipassana a partir de um retiro de dez dias que continua sendo para mim uma referência, a base de minhas sessões de silêncio. Alguns anos depois, comecei a estudar o zen-budismo. Vou aprendendo.

E enquanto faço os meus tratamentos e lido com a minha neurose, acompanho também as aventuras terapêuticas dos amigos. É difícil ignorar a dificuldade de lidar com o transbordo psíquico de nossas contradições. Nosso tempo é o do exílio e do abandono, da solidão e da precarização da vida. As pessoas têm se virado como podem, mas andam mais perdidas que nunca.

São males pessoais derivados de fenômenos sociais. Nos meus círculos e fora deles, cada vez se trabalha mais e se ganha menos. O discurso da inovação e da adaptação contínua à realidade convive com a flexibilização das leis e da perda de garantias trabalhistas. É o choque de uma cultura da adolescência interminável com uma ressignificação dos papéis masculinos e femininos. É a convivência do pós-binário com a pornografia, da exposição narcísica com a dificuldade de escutar. É a dificuldade de estabelecer vínculos com a busca eterna por alguém que exerça o papel de pai ou de mãe. O anseio por uma vida significativa e a negociação constante com a lembrança traumática.

As disciplinas da saúde mental guardam o seu quinhão de responsabilidade nesse quadro de insuficiência. É claro que de nenhum tratamento se pode esperar uma cura milagrosa. A pressa em curar-se é mais um sintoma dos modos de vida contemporâneos, e a terapia não pode se dobrar às exigências desse sintoma. Mas, se a doença psíquica é crônica, o tratamento não poderá ser. E é isso que temos visto: uma medicalização crônica, uma terapia infinita, um processo que cria dependências por toda a parte. Faltará franqueza na relação entre pacientes e analistas, um pouco de objetividade nesse campo subjetivo. A perpetuação da terapia talvez seja uma reação do analista à precarização da vida e à instabilidade dos relacionamentos. Uma coisa é não fazer concessões. Outra é perder-se no jogo dos significantes e fidelizar o paciente.

Surgem novos remédios (ou ao menos novos nomes para os mesmos remédios), novas terapias, massagens e *role-playing*. As novidades são placebos de esperança e chamarizes de consumo. Na falta de respostas, pacientes e profissionais se entregam aos discursos psiquiátricos. Depressão, transtorno obsessivo-compulsivo, déficit de atenção, ataques de pânico. Essas designações inventadas, orientadas a partir dos medicamentos grosseiros que a multimilionária indústria farmacêutica consegue criar, agora viraram uma realidade para os pacientes. Um sujeito não sofre mais da perda de um pai, não padece as marcas de uma criação abusiva. Agora o seu mal é uma doença passível de identificação na anatomia cerebral. São falhas sinápticas, distúrbios cognitivos, degenerações hereditárias — espécimes de uma eloquente mitologia médica. A instituição psiquiátrica compra dúvidas e vende certezas: a certeza de um nome, de um transtorno classificável, da sólida segurança dos médicos e das bulas, de uma cura possível por meio de remédios, sem que o sujeito precise passar pelo constrangimento de ter de abrir o baú das más lembranças e acabar engolido por elas.

Nas entrevistas para a televisão, médicos psiquiatras falam em epidemia de transtornos mentais — são adolescentes incapazes de ingressar na vida adulta, uma classe média enredada por invejas e frases de inspiração, jovens que se mutilam, sujeitos que não aceitam as transformações da velhice, impulsos raivosos que só encontram destino na violência. É o consumo compulsivo de drogas depressivas e estimulantes, o embotamento necessário para conviver com as horas de ócio. Não contamos com práticas para lidar com as situações cotidianas. Visto como autoritário, o conselho se diluiu entre as fábulas e lições de moral. A sociedade padece de nervos e não vemos a cura no horizonte. Os remédios e os manuais psiquiátricos não dão conta de lidar com isso. A psiquiatria aos poucos vai revelando o que é: uma ciência jovem, incipiente, com um ótimo *marketing* financiado por uma indústria muito lucrativa. Seu fracasso é o sucesso dessa indústria, porque ela investe no uso crônico de medicamentos que preservam o sujeito, mas não promovem uma cura, uma autonomia. Só que se a doença é muito lucrativa para as farmácias, um funcionário deprimido é pouco rentável para todas as outras empresas multimilionárias. E é nessa equação que os cogumelos reaparecem, décadas depois de proscritos.

Vivemos hoje um momento em que os cogumelos se apresentam como uma promessa para a saúde mental. Houve uma travessia jurídica até que a substância fosse liberada para estudos outra vez. Um grupo religioso usou a prerrogativa da liberdade religiosa para o uso da *ayahuasca* em 2006. Depois disso, investigadores de uma renomada universidade propuseram o estudo dos efeitos dos psicodélicos no bem-estar de pacientes terminais. E, então, outras pesquisas surgiram, concentradas em três campos significativos.

O primeiro deles se situa na área dos cuidados paliativos, na mitigação da angústia em pacientes terminais. Como é de se esperar, as pessoas com um diagnóstico de câncer avançado com muita frequência sofrem de estados extremos de angústia — uma angústia que as impede de desfrutar seus últimos dias de vida. Submetidas aos estudos com psicoativos, esses pacientes narram a passagem a uma fase mais calma de conciliação. Vida, morte, travessia são vistos com olhos sábios de criança, enchem-se de beleza e significado. Entrevistas com parentes e parceiros dos pacientes corroboram essa impressão. Sobrevivendo à morte do ego, as pessoas, nos últimos dias de sua vida, voltam a olhar para as coisas sem melancolia, mas com sonhos de comunhão e empatia.

Outro campo de estudos é o da drogadição. A prescrição de uma experiência psicodélica tem papel significativo na superação dos vícios em diferentes substâncias, incluindo o abuso do álcool e da nicotina, com taxas de sucesso sem precedentes. Um estudo-piloto publicado em 2014 mostrou como 80% de um pequeno grupo de fumantes abandonou o cigarro, dado confirmado em entrevista seis meses após a sessão com psilocibina.

O terceiro campo é o da depressão: pacientes com melancolia grave e duradoura, após passarem por uma única sessão mediada de psilocibina, LSD ou DMT (a substância presente na *ayahuasca*) apresentaram melhora mais significativa e duradoura, se comparada ao uso prolongado de remédios psiquiátricos.

Além do retorno às pesquisas acadêmicas, um fenômeno curioso se observa, algo que inexistia nos anos 1950 e 1960. Antes restrito aos limites da contracultura, o cogumelo foi incorporado à cultura *mainstream* e é hoje consumido por empreendedores do Vale do Silício que procuram na psilocibina um aumento de suas performances no trabalho e um *boost* de criatividade. Muitos se valem de uma microdosagem — o consumo regular de uma quantidade subperceptual (que não provoque visões ou sensações fortes) —, prática crescente na Europa e Estados Unidos e ainda sem confirmação científica significativa. O processo tem muitos nomes: *biohacking*, psicodélicos de performance, psicovitaminas, e o entusiasmo diante das possibilidades pessoais e financeiras desse movimento parecem inibir uma nova regressão às censuras dos anos 1960.

Chancelada pelo volume recente de pesquisas que confirmam as funções terapêuticas dos cogumelos, o movimento culminou na liberação do consumo terapêutico da psilocibina pelos estados de Oregon e Colorado, nos Estados Unidos. A Califórnia segue o mesmo caminho. Outros estados aprovaram estatutos de descriminalização. Na Holanda, Bahamas e Jamaica, a compra e venda de cogumelos ou trufas com psilocibina é uma atividade legal. Centros de pesquisa já oferecem cursos e formações em terapia psicodélica. E, apesar de nossa legislação incerta sobre o tema, profissionais da saúde brasileiros passam timidamente a oferecer serviços semelhantes.

O transtorno mental é um distúrbio químico ou um padecimento histórico? Pede um remédio ou uma terapia? A terapia psicodélica é o casamento das duas abordagens, subjetiva e biológica, pragmática e espiritual — e remonta à sabedoria ancestral de centenas de grupos e culturas conhecidos.

Foi partindo desse lugar que a Mel nos conduziu pela viagem psicodélica dos cogumelos, desse xamanismo político de afirmação da diversidade, num movimento que pode remontar ao embate anticolonial dos séculos anteriores. E isso talvez seja algo importante de afirmar, porque a psicodelia tem e teve muitas representações. Nas sociedades mexicas pré-hispânicas, o cogumelo era a carne dos deuses. Na década de 1950, um recurso psiquiátrico que aproximava os médicos da experiência de seus pacientes psicóticos. Nos anos 1960, a arma da contracultura para a expansão das consciências. Depois, uma terapia secreta e, mais recentemente, um fármaco natural para tratar certos quadros depressivos e aditivos, bem como ajudar os pacientes terminais a controlarem a angústia e aceitarem a morte. Um remédio para muitos males, pouco a pouco aceito nos Estados Unidos e na Europa depois do fracasso da indústria farmacêutica e da guerra às drogas.

Quando me preparei para a viagem, foi essa a minha leitura especializada. Por me enquadrar numa perspectiva agnóstica, não estava interessado e não queria me deixar influenciar pelas imagens sagradas ou emular o tribalismo dos povos originários. Ao invés disso, a orientação era a de usar a venda nos olhos, preparar a *playlist* e restringir-me a um recorte sensorial. Nos experimentos da Hopkins e da Imperial College, é assim que ficam os sujeitos: deitados num sofá, uma trilha sonora nos ouvidos e a companhia de um pesquisador. Antes da viagem, pensei muito pouco em como essa postura pode ser determinada por propósitos extrínsecos que culminam num lugar passivo/paciente dos sujeitos. Afinal, os cientistas poderiam ser desacreditados se seus voluntários saíssem de seus leitos e tivessem visões nos corredores da universidade ou de um hospital. É compreensível. Os pesquisadores estão protegendo o seu estudo do preconceito supersticioso que circula pelos espaços comuns. Uma imagem pública, como atestamos todos os dias, foge facilmente do controle e é capturada pela malta acusatória das redes. Melhor reproduzir um ambiente terapêutico, apaziguado, protegido, no qual a vulnerabilidade da situação patológica e de sua cura seja preservada pelas quatro paredes da instituição. A superstição não está dentro do quarto, nas canções espiritualizadas ou na pequena imagem de Buda na prateleira, mas do lado de fora, no medo inquisitorial do público.

6. Divã Jangada

Quinta-feira, 7 de janeiro, seis da tarde. Previa-se uma chuva forte para a noite.

Fazia dois dias que estávamos na casa alugada para temporadas, um lugar amplo e arejado de piso frio, com uma sala ligada a uma cozinha completa onde pudemos desfrutar preguiçosos cafés da manhã e preparar drinques e refeições rápidas. Do deque da sala, avistávamos o amplo terreno com uma piscina e uma mata agreste que se perdia na ladeira. Às vezes, recebíamos a visita de Jack, o vira-lata da rua, que parecia um leão-marinho cor caramelo, e que vinha para ganhar uns petiscos, receber um afago ou apenas esparramar-se em nossa companhia durante as conversas intermináveis.

Observando-os no terraço, pensava no milagre de conseguir reunir os amigos em tão pouco tempo para uma viagem atípica como aquela. Era um grupo interessante. Embora o Reynaldo não conhecesse as meninas, ele parecia mais à vontade com elas que eu. Virgínia, que optara por não atravessar a experiência psicodélica, estava mais para a festa e o vinho. A Andréa tinha na cabeça a ficção policial que terminava de escrever. Falávamos pelos cotovelos. Aquela semana em Alto Paraíso era uma necessidade para todos: eu enfrentava um momento de indecisões crônicas. Reynaldo havia se separado no início da pandemia. Virgínia acabava de anunciar o seu divórcio depois de doze anos de relacionamento. Em algum momento, Andrea também se abriu e expôs suas crises conjugais.

Nesses dias, influenciado pelo espírito adolescente do grupo, retomei por um tempo a compulsão pelo cigarro, bebi bastante e dormi pouco. Não era bem o que tinha imaginado. Cada um dos meus amigos construíra uma antecipação muito particular. Há meses, eu me preparava para escrever um artigo sobre o tema e me dedicava a entender os efeitos terapêuticos de uma droga natural. Tentava meditar e escrever um pouco. Já meus amigos estavam mais descompromissados, sua curiosidade se alinhava, imagino, aos seus estados de espírito. Sentiam-se mais relaxados que eu e conversavam até de madrugada.

Até por isso, algumas horas antes das seis da tarde, sugeri à turma que ficássemos um pouco recolhidos e me pus a arrumar o quarto. Meti na mala a roupa que se espalhara pelas cadeiras, deixei uma blusa do lado de fora (a Mel nos advertira que durante a viagem talvez sentíssemos frio), guardei o computador e outros pequenos apetrechos de trabalho na mochila, mantendo fora apenas a caneta, meu caderno, o fone de ouvido e a echarpe roxa que minha companheira deixara para mim antes da viagem, para que me abrigasse nas noites frescas na varanda. Fiz a cama — uma cama de casal sob uma parede de tons pastel. Sobre mim, o desenho de dois olhos fechados com os cílios à mostra, olhos como dois sorrisos.

    Em vão, tentei cochilar um pouco. Apanhei a revista de variedades que havia trazido. Virei as páginas sem interesse. Um artigo mencionava os fósseis de enormes baleias encontradas no deserto do Saara. Fechei a revista e guardei-a na mochila. Abri um livro sobre zen-budismo que sempre me acompanha. Ele me dizia para ter paciência e aceitar as coisas como se apresentavam. Pensei que talvez a minha ansiedade antecipatória nascesse da vontade de controle. Era uma reação típica diante do desconhecido — a tentativa inútil de preparar-se para o que no fundo não pode ser antecipado. Era o que eu queria, aliás: fugir ao controle. Sobreviver ao ego. E o ego fazia de tudo para se salvar. Estava claro que eu deveria acolher a inconstância saudável de uma viagem com amigos. Na iminência da morte do ego, não me decidia em abandoná-lo.

    Fechei os olhos por alguns minutos, prestando atenção na respiração. Quando voltei a abri-los, percebi que estava mais receptivo, que o equilíbrio dependia da aceitação do desequilíbrio. Ao menos por um tempo, enxergava melhor. Pouco depois, a Mel chegava na casa, entrando pela porta que sempre deixávamos aberta.

As velas acesas iluminavam a sala, o banheiro, uma em cada quarto. Sob efeito do cogumelo, os sentidos se aguçavam e lâmpadas elétricas acesas podiam incomodar. A Mel pediu uma tesourinha emprestada e mostrou-nos os cogumelos que trouxera, embalados a vácuo com pequenos pacotes de sílica. Dentro do plástico, os cogumelos mágicos pareciam-se com *shiitakes* fossilizados. Sem muito esforço, eu conseguia ver as estrias azuladas que caracterizavam a espécie, recortando o fruto de tronco fino e uma delicada cabeça branca.

— A maioria das pessoas colhe seus cogumelos na bosta das vacas. Eu não faço isso. Quem come estes cogumelos vê sujeira o tempo todo, embarca numa viagem muito escatológica. Estes que temos são cultivados numa estufa com muito carinho. Conheço o pessoal que cultiva, eles amam o que fazem — comentou Mel.

Dito isso, abriu as embalagens e passou a picar os cogumelos com a tesourinha. Em pouco tempo, a sala, bastante arejada, impregnou-se de um odor muito parecido ao do *shimeji*. Fiquei imaginando o parentesco do *cubensis* com as suas primas gastronômicas. A variedade lisérgica que tínhamos diante de nós seria mastigada, e engolida a seco ou com a ajuda de um copo de suco de laranja.

— O povo viaja porque não tem ninguém que o oriente. Não tem coisa pior do que fazer um chá de cogumelo. A fervura potencializa a psilocibina, é um desastre. Vocês vão ver que o que puxa para baixo é o estômago. O estômago é a parte mais conservadora do corpo. A viagem só vai acontecer se vocês aceitarem isso.

Comeríamos três gramas cada um. Cada pacote tinha quatro gramas. Na primeira vez em que a Mel consumira os cogumelos, ela tomou algo como oito gramas. Foi demais, ela diz, divertida. "Hoje, quatro gramas é considerado muito, três gramas está bom." Comeríamos e esperaríamos. Se a coisa não batesse, tomaríamos mais um grama e meio.

Ela sabia o que estava dizendo. O cogumelo ajudou-a a vencer o vício da cocaína e da heroína. Apaixonou-se pelos *niñitos*, chegando mesmo a cultivá-los debaixo da cama durante um tempo. Participou de comunidades de micófilos psicodélicos nas redes sociais. Como autodidata, integrou o conhecimento dos cogumelos ao dos mapas astrais e leituras do tarô. Era uma entusiasta.

Cada um de nós tinha um prato pequeno com a dose de três gramas de psilocibina *in natura* picada a tesoura, e um copinho de suco de laranja ao lado. Tinha chegado o momento, e uma descarga de adrenalina subiu pelos meus braços. Respirei fundo. Com a mão, meti um punhado na boca e tentei mastigar. A consistência seca de papel e o cheiro forte de *shiitake* seco me provocaram um pouco de enjoo, embora meus amigos tivessem achado o sabor agradável. Recorri ao suco, fui mastigando devagar e terminei o prato por último.

Estava feito. Agora não era possível voltar atrás. Se por um acidente aquele cogumelo fosse uma variante mortífera, nossos corpos seriam encontrados pela polícia algumas horas depois e a nossa única amiga que não quis ter a experiência e que seguia no vinho e no cigarro, deitada na rede da varanda, teria muito a contar quando voltasse para casa.

Fez-se silêncio, a tensão circulando de um a outro. A Mel fez surgir um baralho de tarô sobre a mesa e virou uma carta para cada um de nós. Não me lembro do que os outros tiraram. Para mim, o que deu foi a cruz.

— A cruz é a decisão. A cruz é a encruzilhada.

Estávamos no começo do ano, associado sempre a uma nova vida, novas decisões, à chance de remendar os descaminhos. Cada um havia pensado numa intenção. Algo que deveríamos pedir ao cogumelo. Desconfio que o Reynaldo não tenha feito um pedido muito específico. De nós, talvez ele fosse o mais receptivo. A Andrea dizia estar meditando há dias e conversando com o cogumelo.

Eu não tinha a menor capacidade de me imaginar conversando com um cogumelo. Comigo não funcionava assim. Mas no último dia do ano, escrevi as minhas intenções em meu diário:

"Eu sei o que quero pedir ao cogumelo: confiança.

Confiança no que há por vir, no trabalho, no estilo. Confiança para estar com os outros, confiança para crescer. Confiança no corpo e no desejo.

A confiança da alegria. A confiança que é a antítese do escrúpulo. A confiança que não precisa gritar para dizer, nem dizer mais do que se quer. A confiança que não se exibe — porque o exibicionismo é uma expressão da desconfiança. A confiança que não precisa se provar o tempo todo, a confiança que contempla, compassiva, que compra a briga que vale e se retira das disputas pequenas.

É isso que quero do novo ano. A confiança para amar todos os processos e não ser rejeitado por eles. A confiança que está muito além de qualquer sombra de rejeição. Aquela que se diverte com os desafios porque eles não provam coisa alguma sobre nós.

Num mundo desconfiado, indiferente, desejo a confiança subversiva que decanta a experiência e não espera na hora de agir e não age na hora de esperar. A confiança do pertencimento, da alma *bergsoniana*, daquilo que dilui as dualidades e por isso as preserva."

7. *Playlist*

Numa viagem tão sugestiva como aquela, as circunstâncias são fundamentais. Há um termo corrente em inglês entre os psiconautas: *set and setting*. Estado de espírito e ambiente. Personagem e cenário. Como você chega e onde se encontra. Vale a máxima marxista de que, se somos determinados pelas circunstâncias, é preciso determinar as circunstâncias humanamente.

E se expectativa e cenário são importantes, a trilha sonora é o astrolábio da viagem psicodélica, aquilo que matiza as cores do cenário e modula a expectativa. Nos relatos que lera, soube de viagens que desandaram porque as pessoas não cuidaram disso e ficaram aprisionadas a uma trilha sonora ruim, ao mau gosto alheio. Longe de mim uma toada *new age* ou tribal. Uma falsa ambientação seria como visitar um parque temático de cartolina. Conhecia pouco dos povos originários e não queria me fantasiar de cacique. Queria voar, não entrar num simulador de voo.

Montara a minha *playlist* poucos dias antes da viagem. Eu não fazia ideia se conseguiria desbloquear a tela do celular sob efeito do cogumelo, se teria capacidade para saltar canções ou ler o que estaria escrito na tela. Eu não sabia dizer se músicas cantadas cairiam bem, ou se devia escolher apenas as instrumentais. Tenho um gosto musical eclético. Eletrônico e barroco. Miles e Pixinguinha. Bossa Nova e pop internacional. A minha *playlist* reproduzia essa diversidade.

Começara em grande estilo. David Bowie, *Space Oddity*.

Era uma música significativa para mim e me transportava a um tempo em que vivi em Berlim. Tinha tudo a ver. Não poderia faltar.

Pensei que algumas faixas tranquilas poderiam combinar. Estava me protegendo. Tinha medo do que poderia acontecer com uma trilha raivosa. A calma era uma boa pedida. Fui resgatando composições de outras listas. Depois de "Gymnopédie N. 1" e "Clair de Lune", meti um pouco da adrenalina de Chemical Brothers ("Star Guitar"), Massive Attack ("Paradise Circus"), Gui Boratto ("Beatiful Life"), que eram músicas impregnadas de outras fases da vida. Faziam parte da minha história e sempre me entusiasmavam. Mas eu queria uma composição brasileira. Foi um tanto à toa que coloquei "O Mar", de Dorival Caymmi. Depois, veio "Crônica da Casa Assassinada", do álbum Matita Perê, de Tom Jobim (outra viagem). Aí veio Beirut, Velvet Underground, Daft Punk, Björk, Strokes,

Macy Gray, Arcade Fire, Radiohead, Moby, João Gilberto, Tom Waits, Amadou & Marian, Miles, Bach, Chopin, Puccini, Mercedes Sosa.

    Ainda faltavam algumas músicas para a lista, e recorri à ajuda da Ana. A Ana é uma amiga de longa data que vive em Barcelona e tem participado ativamente de cerimônias de *ayahuasca*. Das poucas pessoas para quem eu contara dos reais propósitos de minha viagem a Alto Paraíso, Ana ficou sabendo das leituras e da expectativa para o grande dia. Ela também me mandou uma lista de composições mais espirituais: sinos tibetanos, cantos de baleias, mantras, um coro de vozes femininas em Pali. Achei ótimo, até porque já tinha impregnado a lista com os meus próprios gostos. Era uma sequência musical muito minha e agora as dicas de alguém que frequentava este outro mundo viriam a calhar. Mandei ver umas dez canções da *playlist* que ela montara para mim.

    Setenta e uma canções. Seis horas e quatro minutos. Seria o suficiente? Acho que sim. O nosso ritual começara às seis. De acordo com a Mel, à meia-noite já estaríamos de volta.

    Depois de mastigar o cogumelo, receber a carta das encruzilhadas e me despedir da turma, recolhi-me em meu quarto. Andréa ficaria em outro quarto, Reynaldo na sala, Virgínia na varanda. Mel circularia pela casa, ajudando-nos no que precisasse. O quarto estava arrumado quando fui me deitar. De golpe, me senti sozinho e assustado. Não sei se queria me afastar dos amigos. Mas era isso, não havia outra. Deitado, coloquei o fone de ouvido, cobri os olhos com a echarpe roxa. No celular, encontrei a lista de músicas. Apertei o *play*.

É claro que quando ouvi *Space Oddity* — a música que encabeçava a *playlist* — pela primeira vez naquela noite, nada tinha acontecido ainda. O Bowie ia fazendo a contagem regressiva — *ten, nine, eight* — e a espaçonave ainda não estava pronta para descolar do solo. Fiquei um pouco quietinho curtindo o som. Erik Satie, Debussy. Tranquilo. Nada acontecia. Decidi me levantar e caminhar até a janela. As nuvens escuras, baixas, cobriam a paisagem, iluminadas a cada poucos segundos pelos clarões de uma chuva de raios. Estava tudo bem. Talvez algo tivesse começado a acontecer, mas era difícil dizer.

Agora eu me sentia relaxado. A minha tensão cedia. Fui tomado por uma leveza em todo o corpo, uma sensação muito agradável. "É uma coisa boa", eu pensei. E metade da carga que trouxera para aquele dia ficava para trás.

Até a música de Caymmi.

Me dei conta de algo muito estranho. De que a ideia de ouvir uma música passava a ser outra coisa. Foi gradual — e então, fulminante. Quanto tempo se passara? Uns trinta minutos, quarenta? Em algum momento, a consciência me atingira com força.

A música me atravessava. Uma flecha perfurando o corpo. Mil flechas. Era parte de mim, e eu, dela. Ela virava uma coisa apercebida por todos os sentidos, os cinco e mais outros de que não tínhamos ciência. As ondas sonoras, eu podia enxergá-las. E enxergar também era outra coisa. Aquilo era a sua alma.

E comecei a perceber isso. Entrava a música de Caymmi, seis faixas depois do Bowie na *playlist*. Estava acontecendo. O fogo queimava debaixo do foguete.

Você já escutou esta música de Caymmi? Digo: você realmente escutou esta música de Caymmi? Eu, não. Nunca tinha me atentado para ela, não de verdade.

Começa como uma cantiga de ninar. "O mar, quando quebra na praia, é bonito."

E depois vem a história dos pescadores. Todas as músicas do Caymmi falam docemente da morte. Caymmi tem um erre sibilante quando diz "o mar", e eu nunca tinha prestado atenção naquilo.

"Quanta gente perdeu seus maridos, seus filhos, nas ondas do mar."

E ele conta: Pedro vivia da pesca. Todos gostavam de Pedro. Pedro saiu no seu barco e não veio na hora do sol raiar. Deram com o corpo de Pedro, roído de peixe, num canto bem longe lá do arraiar. Pobre Rosinha, agora parece que endoideceu. Vive na beira da praia olhando pras ondas, andando, rondando, dizendo baixinho "Morreu, morreu".

E aí a canção termina com a beleza das ondas quebrando na praia. Como se aquela voz fosse a de deus, conciliando-nos com os mistérios do mundo, com a doçura da indiferença à dor humana, Caymmi voltava a ninar com o veludo grave da voz.

E eu pensava: Pedro roído de peixes? Não, não. Não quero isso na minha lista.

Apanhei o celular. Apaguei a música da sequência. Voltei para o começo da lista.

Mas já era tarde demais. Àquela altura, eu já estava na jangada.

E Bowie recomeçava. O violão baixinho, a princípio. Os propulsores da espaçonave soltando fumaça. Tome suas cápsulas de proteína, ponha o capacete.

Lift off.

E aí vinha tudo: a vertigem, a excitação, a ausência de gravidade, o balouçar das ondas de ar e do mar. Era uma jornada épica aquilo que eu vivia. A vida toda era uma jornada épica.

There's something wrong. Can you hear me?

Eu queria avisar a Rosinha. Eu queria dizer que estava tudo bem, e Bowie bancava o ventríloquo comigo, e eu falava na voz dele: *tell my wife I love her very much she knows*, e aquilo me tranquilizava.

Aos três minutos e um segundo da canção de Bowie, comecei a engolir água. Os pontos cardeais se uniam.

Era um lugar comum, mas já não havia nada banal no comum. A vida era uma aventura épica.

E no fim da história nós morremos.

8. A vela

Meio sem fôlego, retirei o fone dos ouvidos. Arrisquei-me a abrir os olhos. Retirei a echarpe que cobria a minha vista. Queria enxergar. Estava preparado para qualquer coisa.

Na porta de correr do armário, um espelho, do chão ao teto.

Todo mundo dizia: quando estiver viajando, evite os espelhos. Os espelhos são abomináveis. Você pode se horrorizar. Quando for ao banheiro, não levante a cabeça.

O cenário era o mesmo: um quarto infantil, as paredes em tons pastel (azul bebê? rosa bebê?). Eu deitado na cama, uma cama enorme de casal. E sobre mim, pintado na parede acima da cama, dois olhos fechados como dois sorrisos.

Esses olhos vão se abrir, pensei.

Abram logo, eu disse.

Mas os olhos não se abriram.

Estava pronto para a visita de um hipopótamo dentro do quarto.

Perguntara à Mel se as visões eram nítidas, se eu saberia distinguir o que é real do que não é. Porque em algum lugar eu tinha lido que muito do que você vê parece tão nítido quanto qualquer outra coisa que tenha visto em sã consciência.

Ela respondera que não, que os contornos eram divertidos, vagos.

Eu sairia de mim? Eu perderia o controle do meu corpo, da minha vontade? Havia uma piscina no terreno. Antes de chegar àquela casa em Alto Paraíso, pensava muito na piscina.

E se eu ficasse louco e me jogasse? E se eu me desse conta de que o meu lugar era embaixo d'água e me atirasse na piscina e não atinasse que não conseguia respirar?

"Se vocês ficarem agoniados, basta lembrar onde estão. Que tem um monte de adolescentes por aí, muito mais despreparados que vocês, fazendo isso. E que tudo não passa de uma viagem de cogumelos. E logo vai passar."

Não havia hipopótamos no quarto. O meu rosto no espelho do armário continuava no lugar, podia reconhecê-lo na penumbra. Por via das dúvidas, achei melhor não me aproximar. Da janela, ainda se viam os clarões da tempestade. Como se lá fora o mundo se recompusesse.

E havia uma fada na janela.

A fada estava presa a um barbante no teto. Ela não parava de girar, as asinhas de plástico. Um besourinho.

A fada já estava lá. Este é um quarto de criança. É um boneco de plástico.

Tudo em seu lugar. Só que engraçado. Meu corpo engraçado, lento, moroso.

Resolvi virar de lado, para a vela que iluminava o quarto sobre a mesa de cabeceira.

Lá atrás, quando eu era eu, lembro-me de preocupar-me com a possibilidade de incêndios. A vela caindo na cama, a casa em chamas como no fim do romance *O iluminado*, de Stephen King, quando as caldeiras explodiam. O hotel assombrado.

E a vela ao meu lado, inofensiva, já meio derretida, pela metade (quanto tempo havia se passado?). A vela era uma criança que erguia e baixava os ombros, como se regesse uma orquestra. Como o Mickey Mouse em *Fantasia*. E atrás da chama brincalhona, a parede escorria como calda de morango, como calda de hortelã (era verde a parede? azul?), e continuava escorrendo devagar feito *marshmallow* derretido. E a velha criança, o pequeno camundongo Mickey, seguia bruxuleando, erguendo os ombrinhos, regendo a orquestra.

Era uma visão deliciosa. Um pequeno espetáculo, só para mim.

Fiquei ali durante um tempo. Depois, pensei que era o momento de voltar a colocar os fones. Imediatamente, a embarcação começou a fazer água.

9. Eu sou água

Eu sou água, pensei.
Talvez eu tenha chegado a murmurar: Eu sou água.
Não sabia bem por que dissera aquilo. Por estar imerso, talvez. Chorava, o nariz escorria. O corpo se lançara numa deriva em alto-mar. No céu, embarcações opulentas trovejavam. Não havia uma distinção clara entre o céu e a terra, entre o ar e o mar. Uma tempestade elétrica nos envolvia. As árvores que eu podia avistar, submersas, agora dançavam como algas na corrente, e a escassa luz se turvara com a terra revolta e flutuante. O bosque submerso sentia a minha presença, mas creio que estávamos fora de perigo. O vento erguia a casa, que balouçava, afrouxado o cabo da âncora, de suas vigas de sustentação. Havia água em toda a parte e eu me sentia enjoado pelo movimento incerto da jangada, minhas coisas todas dispersas.
Eu sou água.

Eu tinha organizado as minhas coisas antes de começar. Meus óculos, a echarpe que cobriria os meus olhos. Os fones de ouvido que me acompanharam por muitos anos em todas as minhas vacilações e viagens. Os fones enormes na cabeça que eu tomava como a minha pobre casa, a minha sombra possível e aquilo que me protegia do mundo, o isolamento sensorial que eu não podia realizar por conta própria. Meus fones me serviam bem porque eu não conseguia parar de escutar tudo o que me diziam sem eles. A casa que ocupava era uma casa alheia, virada do avesso. Era todo um mundo interno e externo, e as minhas coisas ao relento. Como naquela tempestade, e eu tentando a todo o custo manter as minhas coisas em ordem na jangada. Para que as hastes dos meus óculos não perfurassem os meus olhos. Para que a echarpe não me enforcasse dentro de uma força de gravidade horizontal. Para que a música continuasse a me proteger.

Não havia perigo. Eu era amigo das coisas. A paisagem conversava comigo. E em certo momento, sem que me desse conta, eu começava a desaparecer. E estava tudo bem, porque eu era água.

10. *Nessun dorma*

A echarpe roxa drapejava sobre a minha cabeça. Tinha vezes em que ela me sufocava. Noutras, a echarpe era a tenda que me protegia. Abria os olhos e observada de perto, da trama do tecido formavam-se pequenos fractais em movimento, desenhos recriados por um jocoso Gaudí. Mas era como se do meu peito jorrasse água — não era água, não era luz, não era ar, era uma forma sem forma —, e meu peito arqueava para o alto, e dele saía e entrava a beleza toda do universo — ainda que não houvesse necessidade alguma de proferir a palavra universo, porque estávamos nele, ele não era uma imagem, e essas palavras imprecisas, "toda", "nenhuma", tampouco faziam sentido.

No ventre da noite, ninguém dormia. As vagas elevadas de água, de alma, eram tudo o que existia. Depois eu perceberia o rosto lavado de sal, mas naquele momento só havia o êxtase. Eu estava em êxtase, pela primeira vez em minha vida. Os instrumentos que se revezavam na orquestra me atropelavam, eram a tentativa humana de olhar o mundo a partir do mundo. A casa-templo flutuava: e era assim que o mundo enxergava a si mesmo, algo tão descolado das teorias, conjecturas, modelos e desenhos, algo tão transcendente às palavras e às discriminações das palavras. Mas eu não pensava nisso. Eu existia, e existir era como desaparecer. Meus braços e minhas pernas continuavam ali e o mundo já não era o mesmo. Não poderia continuar sendo.

Eu tinha pulado algumas canções na minha lista. Muito do que colocara ali não tinha a ver com o momento, seria ruído, interferência na música que éramos. E por isso eu tirava os fones. Quando ativei a tela do celular na página do *streaming*, os álbuns todos meio que dançavam, diluídos. Era muita informação e a abundância chegava até mim na forma de soluços. O único movimento possível — meus dedos, minha mão, meu corpo — era o mais vagaroso.

Hoje consigo situar os momentos da trilha em que fui arrebatado.

Nessun Dorma, na voz de Pavarotti. Outro tritão. Um orgasmo de cordas e vibrações, a alegria de toda tristeza, a luz clara, mar adentro.

A voz de Maria Callas em *"Un bel dì vendremo"*, no segundo ato de *Madame Butterfly*, na companhia da orquestra do Teatro alla Scala de Milão. Tudo aquilo nos meus ouvidos, explodindo. A jovem inocente contemplando languidamente o mar, imaginando esperançosa a chegada do seu companheiro, daquele estrangeiro que partira anos atrás.

Chi sarà? Chi sarà?, fazia o arpejo. O que será? O que será de nós?

Todas as canções falavam do mar. Agora atinava. Eu montara uma lista oceânica. Eu tinha erguido aquela jangada dias, meses antes da viagem. E tinha construído a jangada para estar em alto-mar, não para chegar a alguma parte. O lugar era o mar. E a jangada era um divã.

O lugar do pensamento. Das conjecturas. Das redes interpretativas. A minha teia de proteção do mundo.

Saia do divã-jangada. Está na hora de sair do divã-jangada.

E cair na água?

A cruz é a encruzilhada. E no mar só existem encruzilhadas, repetia a voz de Mel, com a carta do tarô aberta diante de mim.

Eu tinha pedido confiança ao cogumelo. Confiança para me decidir. Confiança para entender.

E o cogumelo me lançara ao mar. No mar, tudo é encruzilhada. Nada é encruzilhada.

Eu era água.

11. Isso é água

Era como nos sonhos. O sonho aproveita pequenas notas de rodapé do cotidiano, detalhes despercebidos da véspera, e nos devolve imagens que só fazem sentido quando enunciadas.

Uma vez eu sonhei que comia sapos. Na terapia, o sonho fez todo o sentido quando eu comecei a contá-lo: "eu estava engolindo sapos", expressão figurada que significaria algo como "fazer-se de bobo, colocar-se numa situação desconfortável e constrangedora". A partir da imagem, eu pude refletir sobre o que acontecia comigo. Nos momentos em que os sonhos parecem conversar conosco, o que pode estar ocorrendo é uma elaboração inconsciente de elementos da experiência, muitas vezes conferindo sentido a situações complexas, ajudando-nos, assim, a lidar melhor com elas. O trabalho noturno é um derivado evolutivo: o aparelho psíquico sempre teve o seu divã natural, mesmo antes do nascimento da psicanálise. Ao despertar daquele sonho, eu teria mais subsídios para confrontar a situação delicada, sabendo que agora a autoridade de meu próprio inconsciente interpretava aquilo como "engolir sapos".

Em meados do século XX, os psicanalistas pós-freudianos, com base na corrente estruturalista, postularam a hipótese de que o inconsciente, a máquina de elaboração de sonhos, pode ser estruturado como a nossa linguagem. Se a nossa espécie inventou a gramática, a estrutura da frase, os verbos, adjetivos e substantivos, faz sentido que ela seja o espelho do seu criador, e se organize do modo como a nossa subjetividade funciona. Nossa lógica de pensamento é gramatical. Devíamos, portanto, prestar atenção à estrutura comum a todos os idiomas. E quando procuramos depurar na linguagem as suas figuras — sinestesias, metáforas e catacreses —, estamos descrevendo engrenagens da produção simbólica.

No trabalho com o cogumelo, o inconsciente veio à luz enquanto eu me mantinha parcialmente desperto. Eu vivi um sonho sem chegar a dormir. Enquanto a jangada me levava de um lado para o outro naquele quarto infantil, o Reynaldo, na sala, enxergava os braços transformados em serpentes, a pele tomada por tatuagens, as pernas se fundindo à madeira do deque da casa e criaturas emergindo da mata agreste; Andrea, no outro quarto, mergulhava numa melancolia reparadora e de difícil expressão, sentia-se ligada à terra pelo ânus de Deus. Em algum momento, as pessoas mais despertas da casa — Virgínia, que seguia fumando e bebendo no terraço, e Mel, que organizava os trabalhos, chegaram a se preocupar comigo, porque eu chorava muito, embora aquele choro, disse a elas depois, fosse de êxtase e de conciliação.

    O meu sonho foi com uma jangada, um divã-jangada à deriva em alto-mar. Um sonho em que estavam presentes elementos emprestados da vida, detalhes frescos da véspera utilizados pelo sonho para costurar passado, presente e futuro em um fio de sentido e de recorrências. Recolhi restos diurnos, seguindo uma lógica que eu ignorava até comer os cogumelos. As canções marítimas: eu não tinha noção de que montara uma *playlist* temática. Porque não foi apenas a canção de Caymmi. O sonho com o mar é um sonho com a deriva, e que me pareceu uma grande imagem, profundamente poética, de meu lugar no mundo, uma imagem que foi vivida por mim no sonho psicodélico sem julgamentos morais, como um destino ao mesmo tempo muito bonito e muito trágico, como uma tradução mais literal de minha alma no mundo.

    "Agarro-me a esta jangada viva que é o meu corpo, na torrente estreita dos meus dias terrenos. Deixá-lo-ei quando a travessia se findar.
    E depois?"
    Rabindranath Tagore, *Colheita de frutos*

    Em geral, as palavras grandiosas nos são extrínsecas e distantes. Elas dificilmente conseguem se incorporar com convicção às estruturas da nossa subjetividade. Existem as palavras do mundo que são nossas e acabam se tornando familiares. São nossas porque já não sabemos que são nossas, estão próximas demais para que possamos enxergá-las. E essa apropriação as torna invisíveis, porque circulam em nosso sangue e em nossas pontes sinápticas. Mas existem também as palavras que, como certas músicas que nos impressionam, acabam estabelecendo conosco uma relação de solenidade, porque as respeitamos demais, porque são estrangeiras demais e mantêm-se remotas. Para mim, "jangada" era esta imagem bela e distante, e que a partir do sonho dos cogumelos ganhou comigo uma intimidade e uma autoridade que raramente eu conseguiria conquistar sem algum tipo de ajuda.

A jangada, como o divã, cumpria o papel de uma frágil salvação. Em uma tempestade, ela é o pouco que temos. Mas se, como me contou o sonho, "eu sou água", qual se torna o seu propósito?

Talvez o sonho tenha jogado com outra lembrança: a da leitura de um texto de David Foster Wallace, "Isso é água", que ele extrai de uma anedota em que um peixe mais velho conversa com dois peixinhos mais jovens:

"Que delícia está a água hoje, não, meninos?", diz o mais velho.
"Água? O que é água?", perguntam os menores.

"Isso", ou "Id", na psicanálise, é o nome dado ao impulso primário humano, aquela pulsão infantil que contém todas as nossas mobilizações desejantes, insaciáveis e inegociáveis.

Água é isso: uma força da natureza que dá a vida e a morte, que nos arrasta para todas as partes.

Eu é isso: aparte as conjecturas, racionalizações, mediações, movimentos repressivos em minha história, eu e isso, supostamente duas instâncias psíquicas distintas, são irmãs imbricadas. A mensagem parece clara: às vezes, a melhor maneira de sobreviver é morrer. Um ser humano tem chances ínfimas de se salvar sozinho sobre uma jangada em alto-mar numa tempestade. Para a água, contudo, uma tempestade é uma festa, um encontro consigo mesma.

Este aprendizado misterioso e polissêmico poderia conversar também com aquele propósito original, o da confiança e da convicção. De algum modo, eu buscava um solo firme em alto-mar, e só tinha algumas toras amarradas umas às outras a que me agarrar. Mas se a minha alma enxerga o mundo como um oceano e concebe a si mesma como líquida, talvez a confiança só possa nascer a partir da aceitação dessa natureza, na tentativa de fazer o melhor uso dela.

O texto de Foster Wallace falava da importância de uma certa aprendizagem: a de abrandar os nossos impulsos raivosos mais automáticos na convivência em sociedade. A prática de uma consciência mais ampla da empatia e do amor, por uma compreensão profunda da dor alheia como um modo de aproximação e abertura. A "água" na conversa dos peixinhos talvez estivesse no lugar de um entorno invisível, da realidade que respiramos, a humildade de reconhecer-se um entre outros, e apenas mais um entre outros. Se para o eu a nossa vida é sempre o centro do universo, para o isso (porque também somos "isso"), não passamos da parte fluida e dinâmica de um todo.

12. O bosque das ideias

Não saberia dizer quantas horas se passaram, nem por quanto tempo ainda seguiria no oceano. A barriga começou a doer, uma cólica que vinha, sumia, reaparecia. Recordei das palavras de Mel, de que é a barriga que nos puxa para baixo, tentando nos manter despertos, e de que devíamos resistir — o que implicava entregar-se, deixar-se levar. Eu às vezes assoprava "Mel", muito baixinho, para ver se ela vinha, imaginando que ela pudesse ler os meus pensamentos. Ela não vinha, e me restava sobrepujar a fisgada que me ancorava ao corpo, que me impedia de esquecer-me dele.

    Não posso dizer se as toras da embarcação se romperam — a viagem, afinal, extrapolava uma narrativa organizada, estava cheia de lacunas que não me interessava preencher —, mas já não era ar o que eu respirava. A *playlist* se encaminhava para o fim. As músicas que me embalavam agora eram os mantras e sinos que havia tomado de empréstimo da minha amiga

Ana, participante regular de rituais de *ayahuasca*. Eram rumores, repiques, ressonâncias. Não era fácil estar ali, muita coisa começava a acontecer. Borbulhando, eu dava braçadas em um outro mundo.

A todos os que não experimentaram algo parecido, isso parecerá tolo, apenas uma imagem, talvez daquelas mandalas multicoloridas feitas por artistas *new age*. Mas o sentimento que tenho é de que o cogumelo, como na história de Alice, tenha servido como uma espécie de chave para este outro mundo, para o mundo da natureza. Em nenhum outro momento de minha vida, eu pude me reconhecer como natureza, eu pude sentir-me parte dela e perceber que ela me percebia, numa reversibilidade fenomenológica perfeita. Os olhos da natureza — plantas, terra, os ventos, o visível e o invisível —, de onde eu emergia como um caule brotando da terra, eram uma constância, um céu e terra de vozes e presenças. Nem o sujeito mais *outsider* consegue estar fora da natureza. Uma coisa é dizer que as coisas se movem, divertidas, como num caleidoscópio, que é o que se espera de uma droga recreativa. Outra é sentir-se no útero dessa onipresença.

Somos treinados o tempo todo a discriminar sujeito de objeto, o eu de um outro, o familiar do estrangeiro. Nossa língua faz isso, nossa subjetividade consciente é treinada formal e informalmente nessa prática. Identificar e categorizar são recursos muito nossos de exploração e de conhecimento, são parte de nossa estrutura cognitiva. Temos uma intenção de isolamento sempre ativa, sempre elaborando dualidades e construindo diferenças. Eu, tu, ele — o inconsciente é estruturado como linguagem. Naquele estado, contudo, havia outra coisa completamente distinta que brotava, e que era também um modo de pensar. Os gregos antigos, quando avistavam um leão, viam naquele espécime a quintessência da espécie. Um único leão representava todos os leões; a natureza era concebida como eterna, imortal, cíclica, ao passo que o homem, singular e histórico, se caracterizava pela mortalidade. Outros povos, ainda, menos alienados com o meio do que nós, erguiam totens de animais porque se consideravam parentes da águia, do macaco, do lagarto. Culturas inteiras que se consideravam irmãs e filhas de outras criaturas da natureza, com as quais conviviam em vínculos de solenidade e respeito, mas também de confronto e sobrevivência.

Dolorosa e poeticamente, eu via como a noção de integridade com a natureza, antes apenas uma ideia, revelava-se um dado da realidade, uma verdade íntima e uma chave de compreensão do mundo. Nada do que eu provara antes fizera isso. Nada alterara substancialmente a minha perspectiva sobre as coisas. Outras substâncias possibilitam uma distração lúdica, uma ocasião social divertida, alguns estalos interessantes. Os cogumelos, em contrapartida, oferecem algo novo. Não uma distração, não uma compulsão. Ratos num laboratório que o ingerem uma vez não voltam a experimentá-lo, porque a coisa te vira do avesso. Implodir não é nada agradável. Mas o resultado da implosão era a corporeidade reconquistada. Eu saía da caverna de Platão.

Antes da perseguição às substâncias psicodélicas, muitos cientistas utilizaram o LSD como uma ferramenta cognitiva. Foi graças ao LSD que Francis Crick, ao lado de James Watson, pôde visualizar com clareza o modelo que haviam concebido da hélice dupla do ácido desoxirribonucleico, o DNA, uma das descobertas que revolucionaram a ciência no século XX e que lhes rendeu um Prêmio Nobel. John Markoff, um repórter de ciência da *New York Times*, documentou a influência fundamental dos psicodélicos na criação do computador pessoal nos anos 1960 e 1970. Steve Jobs dissera uma vez que tomar LSD foi uma das duas ou três coisas mais importantes que fez em sua vida.

Sob efeito do LSD, as hélices de nosso código genético ganharam tridimensionalidade para Crick. Em geral, nossas imagens mentais são frágeis e fugazes, em particular as mais abstratas ou mais difíceis de conceber. Sob efeito das pequenas doses do psicoativo, o que os cientistas faziam era sanar a natureza evanescente dessas imagens e abrir-se para uma liberdade criativa. Passeando livres pelo bosque das ideias, conseguiam colher as flores que desejassem, abraçar os objetos dos seus devaneios e manuseá-los com atenção e cuidado. Esse é um dos efeitos da atenuação do pensamento dualista e cartesiano, e uma das características da sugestionabilidade que vimos antes e pelas quais os psicoativos são conhecidos.

Não sabemos exatamente se os psicodélicos abrem as portas da percepção, se o que enxergamos lá fora é uma visão de raios X da realidade ou a confirmação de ideias preconcebidas. O que me parece acertado, e que alguns cientistas estão hoje revelando, como Carhart-Harris, da Imperial College de Londres, com seus mapeamentos cerebrais, é que a psilocibina inibe a função do ego no cérebro, aparentemente associada a uma região chamada de "rede neural de modo padrão". O cérebro tem funcionamento hierárquico, e a rede padrão, ao que parece, exerce uma função inibidora e mediadora de atividades neuronais subordinadas. Quando parcialmente desativada, o que os cientistas puderam observar com suas ressonâncias magnéticas é que o cérebro adentra um estado de entropia elevada, similar ao da consciência infantil, de certas condições psicóticas e de estados profundos de meditação. Nessas condições, veem-se novas conexões neuronais, elos e associações que antes não existiam. O cogumelo abre a sua cabeça para novos pensamentos.

Psicanálise e neurologia coincidem na ideia de que pensamentos e aprendizados abrem trilhamentos mentais, caminhos associativos de aprendizados que possibilitam estabelecer conexões inteligentes. O tecido cerebral funciona como uma trama de ligações. Com o tempo, e por questões de economia psíquica, o cérebro se habitua às mesmas trilhas de ideias e conexões afetivas. Passamos a enxergar as coisas de modo similar, apoiamo-nos em uma noção estabelecida e pessoal de mundo, e se torna difícil buscar alternativas — justamente porque não vemos como as coisas podem ser diferentes. O hábito nos impede de enxergar o hábito. O tecido cerebral é constituído de tal modo que nele se produzem circuitos associativos que nos poupam de redescobrir sempre as mesmas coisas (na hora de saber o caminho de casa, por exemplo, ou de identificar os traços de caráter de uma pessoa), mas, ao mesmo tempo, nos aprisionam a certos padrões cognitivo-comportamentais, padrões que culminam em patologias, como a depressão, o vício e a mania. O eu — ou ego —, nesses casos, seguindo o princípio econômico de homeostase, mais atrapalha que ajuda, pois sua função estruturante da realidade contribui para preservar circuitos que, por sua natureza conservadora, podem perpetuar um estado de sofrimento psíquico. Uma das funções do eu é inibir a entropia, a invasão sem filtros de um sem-número de percepções externas e internas. Faz sentido: a espécie não sobreviveria se tivesse de identificar tudo pela primeira vez o tempo todo. Uma cadeira nunca seria uma cadeira, porque suas partes se dissolveriam e voltariam a se reunir incessantemente, fundindo-se ao fundo, ao chão, nunca se consagrando numa palavra que lhe dê contornos e funções. Os trilhamentos são a condição e o cárcere da nossa subjetividade. É um recurso evolutivo que cobra o seu preço — ele permite que conheçamos o mundo, mas até certo ponto e apenas o suficiente para que possamos nos virar dentro dele. Estabelecidos os caminhos, a baixa entropia dificulta novas possibilidades.

Os mapas cognitivos da equipe do Imperial College confirmavam a primeira teorização freudiana: bastava inibir a atividade da rede neural de modo padrão, ou o que se considerava o "ego", para que os caminhos se abrissem. De repente, o cérebro desativa o modo econômico de pensamento e passa a extrapolar os circuitos viciosos. Tudo parece uma possibilidade, e novas conexões neuronais e trilhamentos cognitivos podem ser estabelecidos. Aí reside a raiz dos fenômenos de cura descritos nas pesquisas recentes. O tabagismo é um circuito viciado, bem como a depressão. O sujeito se habitua e habita uma sequência associativa deletéria e patológica, e, aprisionado pelo esforço de inibição da entropia do eu, acaba condenado a um ritual inevitável, a uma sequência comportamental muitas vezes mortífera.

Era o que a Mel chamava de "deleuziano". Havia uma linha que ligava a melancolia à drogadição, e que dizia respeito a um enrijecimento psíquico e a uma incapacidade crônica de filosofar e de fabular, de pensar diferente, voltar a enxergar o mundo com olhos infantis e renovados. Se havia uma justificativa evolutiva na função inibidora do ego (ou o seu correspondente cerebral, a "rede neural de modo padrão"), talvez houvesse uma razão essencial para a presença dos psicodélicos em todas as culturas de todos os tempos (com exceção dos desafortunados inuítes). Todo processo evolutivo é imperfeito, porque sacrifica certos elementos em lugar de outros. Povos com tendências pacíficas foram dizimados por povos beligerantes. Tornamo-nos incapazes de respirar debaixo d'água para que pudéssemos desbravar o mundo acima da superfície, desenvolver vértebras fortes e adensar a nossa rede cognitiva. De um modo ou de outro, a regra sobrepujou a exceção por conta de sua validade evolutiva. E se é importante preservar os filtros e edições da realidade empreendidos pelo ego, talvez seja igualmente importante que estas funções possam regredir em alguns momentos de crise pessoal, social ou histórica, às exceções da entropia, às benesses do caos.

13. A oeste, o oriente

Como se desenvolve uma sensibilidade?
Em minha geração urbana, letrada, cética e crítica, podemos dizer que somos cientes dos riscos ambientais que corremos. Lamentamos, impotentes e horrorizados, o desastre ambiental em Mariana, a reincidência em Brumadinho, o vazamento de óleo nas praias brasileiras. Sabemos das execuções sumárias de ativistas e líderes comunitários no Brasil. Há um debate ainda incipiente de como os nossos hábitos alimentares podem ser benéficos ou prejudiciais à saúde e ao planeta. Sabemos da sujeira despejada nos oceanos, da acidificação da água, da pesca predatória, dos esgotos não tratados, do cemitério dos corais, das partículas de plástico que consumimos. As queimadas queimam mais a cada ano, o dia do fogo é todo dia.
Estamos no ponto alto de uma indiferença da qual o desenvolvimentismo das últimas décadas já era acusado — as grilagens, o garimpo, mas também as usinas hidrelétricas que com-

prometem ecossistemas cujo equilíbrio já se encontrava ameaçado. Pelos jornais, reconhecemos como estão acuados os povos da floresta, como o capital adoece e corrompe essas comunidades. Temos notícias dos agrotóxicos liberados na produção brasileira e o mal que fazem às abelhas, as principais polinizadoras e elemento-chave dos ciclos naturais.

Sabemos disso tudo, ou de quase tudo. Mas o conhecimento é uma coisa engraçada. A depender de como ele nos chega, certas informações são absorvidas como caroços não digeridos, não processados e não integrados ao restante da nossa rede cognitiva. Não estamos integrando estas informações, ou não teríamos ficado tão surpresos com a notícia da disseminação planetária de um vírus mortífero. E se essa consciência se desse em um âmbito global, talvez conseguíssemos evitar o que nos espera. Estamos longe da transformação urgente nos sistemas de produção e consumo capaz de reverter o colapso da civilização.

Essas notícias alarmantes chegam até nós pelo noticiário e jornais, que costumam oferecer uma apreensão atomizada de processos complexos. Quanto maior a oferta de notícias, mais nos habituamos a fragmentos de informação, e quanto menor a matéria, mais esquizoide se torna a nossa percepção do mundo. Os próprios meios que as veiculam hoje — os aplicativos de redes sociais — trabalham a partir de manchetes e citações fora de contexto, e estimulam afetos primários e pouco elaborados. Assim como a terra arrasada é fértil para o surgimento de pandemias, uma rede de textos fora do contexto é terreno fértil para a mentira e as notícias falsas.

O ritmo do trabalho e o abuso da adrenalina também contribuem para uma percepção fragmentada da realidade. Embotados pela pressa, pela estafa, pela falta de sono, perdemos grande parte de nossa capacidade elaborativa dos conhecimentos. Matando um leão por dia, não temos mais o tempo ou a disposição para os momentos ociosos, que são aqueles que nos ajudam a entender, a deslocar-nos de uma realidade imediata para uma consciência geográfica e histórica mais abrangente. A explosão arbitrária de prescrições de remédios para dormir, analgésicos e antidepressivos terminam por impedir algo que deveria ser um direito incompressível: o da presença. Estar presente para entender a vida que levamos, o que se passa dentro e fora de nosso corpo, em nossa casa, na vizinhança, no país.

Como se isso fosse possível, afastamo-nos do ambiente natural do qual dependemos. Para os urbanos como eu, o Brasil pode ser dividido entre as cidades e todo o resto. Intimidados pela sua imensidão, nem jornalistas, nem leitores chegam às clareiras desmatadas, ao mundo agreste, à mata densa. Nossa inteligência teve inspiração francesa, estadunidense. O Xingu não é a nossa universidade. É um outro mundo. Um mundo perigoso.

Mesmo assim, julgamo-nos emancipados. Nesta mentalidade autónoma, o homem é sempre soberano. Sobrepujamos as limitações da natureza: tomamos o nosso *machiatto* sem o incómodo dos mosquitos, comemos aspargos o ano todo, importamos o nosso salmão retinto, atravessamos o planeta em voos *low-cost* e nele encontramos as mesmas garantias, a mesma familiaridade. O antropocentrismo relega o mundo natural a funções utilitárias. Vivemos uma contradição em que, para conhecer o mundo, criamos categorias que nos distanciam dele e que o decantam em componentes bioquímicos, cadeias e áreas de conhecimento.

 O impulso extrativista humano não é um traço exclusivo do pensamento capitalista ou imperialista modernos. Desde que convivia com o *Homo florensis*, o *Homo sapiens* tem sido o predador mais mortífero do planeta. Enquanto migrava e se expandia para os diversos cantos do planeta, a espécie humana deixou o seu rastro de extinções e de reconfiguração das paisagens. A natureza como tal, virgem e intocada, não existe — toda a geografia hoje existente é uma geografia humana — dos jardins ortopédicos japoneses às tundras africanas. Um caso típico é o da Austrália: antes da invenção da escrita, os caçadores-coletores tornaram-se marinheiros e aportaram no novo continente. Em pouco tempo, extinguiram 23 dos 24 animais com mais de 50 quilos. Enormes cangurus, leões marsupiais, aves duas vezes maiores que avestruzes, lagartos gigantes, coalas jurássicos e diptrotodontes de mais de duas toneladas — a fauna australiana era muito mais rica e variada antes da chegada do homem. O mesmo aconteceu com os mamutes na Sibéria, os pássaros elefantes de Madagascar, os lêmures gigantes, a megafauna americana, todos exterminados em pouco tempo após a chegada do homem. O mundo não tinha fim, e estava mais vulnerável desde o salto cognitivo humano, entre 70 e 30 mil anos atrás. Podíamos seguir explorando cada canto do globo, cada paisagem que se desvelava, porque éramos menores que o mundo.

O bom selvagem só era bom porque seu alcance ainda era limitado. Não mais. Hoje somos bilhões de consumidores. Aquilo que comemos tem um impacto direto e imediato sobre o nosso ambiente — e em um ritmo que não temos condição de elaborar. Mas não nos vemos como bilhões: há algo aflitivo, um processo psíquico de negação radical que se instaura no momento de enxergar o reverso da moeda de nossos hábitos, de tudo o que trazemos do supermercado — alimentos forjados em laboratórios, transportados por caminhões e barcos que bebem combustível fóssil, embalados em plásticos derivados de petróleo. Esse hábito singelo, multiplicado muitas e muitas vezes, produz a capitalização da terra, o seu arriscado empobrecimento, o desaparecimento das paisagens não humanas. O volume dessa produção extrapola as nossas mais ominosas fantasias. E quando ficamos sabendo, de maneira esquizoide e isolada, de cada um dos sinais de que precisamos mudar urgentemente de rumo, nossa subjetividade ativa um mecanismo de recusa, de cisão da realidade iminente e assustadora. Cada recusa tem um custo, um custo cumulativo. De tempos em tempos, recebemos a fatura por baixo da porta, e é como se, após uma vista rápida sobre a fortuna que estamos gastando, seguíssemos atirando a conta no lixo, esperando que políticos, cientistas, profetas ou a própria morte resolvam o problema. A responsabilidade se dilui na multidão.

Como se desenvolve uma sensibilidade coletiva, poderosa o suficiente para transformar o paradigma moderno que estrutura toda uma sociedade globalizada? Porque não bastará que deixemos de comer carne uma vez na semana, ou de comprar frutas em bandejas de isopor, ou de lavar a calçada com a água da mangueira. Para que o mundo selvagem seja preservado, o maior predador do planeta terá de entender que não está só. A indústria de alimentos terá de se transformar, bem como a nossa relação com o que comemos. A produção não poderá mais aspirar à exponencialidade, e tampouco o nosso desejo de consumo e de novidades. Precisaremos retornar às origens de um convívio mais respeitoso com "todo o resto" — será necessário abraçar a sazonalidade, os produtos locais, entender os limites e os custos reais das coisas que comemos e deixar para trás o tempo em que nossas comidas eram tão processadas que já não pareciam retiradas da terra. Cumpre reverter o curso alienante da indústria e o modo como acessamos as informações e reconquistar uma noção realista de comunidade global.

Teremos tempo? Já vimos que nossas defesas psíquicas são muito sofisticadas e jogam contra nós. Não há mais espaço para a controvérsia, para debates e deliberações vazios em cúpulas do clima. Se existem recursos que possam dinamizar os processos subjetivos de resolução e de empatia, talvez seja o momento de recorrer a eles.

Em um tempo à deriva, confundido em redemoinhos de fatos esquizoides e falsas notícias, alucinar talvez seja a maneira mais intensa e eficaz de retornar às evidências. Timothy Leary e Ram Dass foram expulsos de Harvard porque almejavam um movimento revolucionário de transformação. Enxergavam nos psicodélicos uma arma contra as armas, o aflorar de uma consciência imune a manipulações político-midiáticas. *Turn on, Tune in, Drop out* era o *slogan* pop tão sedutor para os jovens daquela geração, um convite para despertar, estabelecer uma ligação e retirar-se da máquina maníaca da vida moderna. Naquele tempo, chegava-se a falar em diluir o ácido lisérgico nas caixas d'água das cidades estadunidenses. Foi um momento de guerrilhas na América Latina, de aspirações idealistas.

Tempos extremos pedem soluções radicais. E neste momento, os cogumelos, que sempre estiveram conosco, parecem ter algo a dizer. Certamente, não é algo fácil de entender ou processar. Não é para todos. O mais provável é que seja para muito poucos, como sempre foi. Mas a suposta novidade circula entre empresários de *startups* e cientistas de grandes universidades, líderes espirituais e psicólogos. Está sujeita a refluxos autoritários, desafia o nosso ceticismo crítico e nosso rigor acadêmico, mas retoma um trilhamento que já foi sulcado em movimentos culturais ao longo de todo o século XX. Anuncia uma nova migração, a fim de completarmos a jornada civilizatória. Se continuarmos para o oeste, chegaremos de volta ao oriente.

14. A empatia

Foi o que me disse a Mel quando, no mês seguinte, voltamos a nos falar ao telefone sobre a carta do tarô que ela desvirou no ritual dos cogumelos:

"A cruz é uma carta muito forte. É a última carta do baralho cigano. Sendo a última, ela é bem desafiadora, porque encerra um ciclo, mas ela é também a produtora de caminhos, por isso a encruzilhada. Às vezes, esse lugar pode ser um pouco confuso. Ainda mais depois de pegar uma jangada. Até porque no mar só existe encruzilhada, já que dá para ir para todos os lados."

Saí inteiro daquela noite, os mesmos dois braços e duas pernas. A mesma figura, o mesmo metro e setenta.

Porém algo havia mudado.

Alguns dias depois, dei-me conta de que uma massa viscosa, antiga, de amargura e ressentimento tinha se dissipado. Quando reconhecia a emergência de uma discussão desnecessária, eu utilizava o superpoder recém-adquirido de me retirar. A teimosia dera lugar a uma postura mais calma, a um certo distanciamento reflexivo, uma habilidade que eu vinha desenvolvendo a duras penas com a meditação. E como jamais conseguira, eu agora aprendia a mudar de assunto com jeito, puxava o meu interlocutor de modo divertido para outra questão que lhe interessasse, que valorizasse a sua opinião.

A paciência transformou o meu trabalho. Eu me debatia menos com as minhas obrigações. Estava mais disposto a encontrar um senso de desafio em cada atividade. Em contrapartida, percebia-me mais vagaroso. As coisas levavam mais tempo do que antes, talvez porque antes eu estivesse rápido demais, passando por cima de detalhes importantes. Já não queria devorar o mundo.

Poucas semanas depois de retornar da viagem a Alto Paraíso, passei a me dedicar todas as manhãs à escrita, de segunda a sexta-feira, das oito ao meio-dia, aproveitando o momento de modo tranquilo e resistindo às tentações de interromper a minha atividade mais importante para apagar um incêndio qualquer. Um pouco por dia, sem esperança nem desespero, como dizia a Karen Blixen. Este livro é o resultado dessas sessões.

A paciência, esta capacidade de recuar, estava acompanhada de uma satisfação singela, de uma empatia que me fazia querer aproximar-me das pessoas. As coisas eram mais leves e as pessoas não pareciam tão ameaçadoras. A carga de ansiedade de certas interações sociais aliviou-se. Via brotar em mim um afeto persistente de carinho e empatia, um afeto intransitivo e gratuito. As minhas reações defensivas recuavam e davam espaço a uma abertura e a uma prontidão. Agora eu podia fazer o que quisesse. Esse querer não era um antagonismo, nem uma força solitária. O que eu queria não era nada de mais, e não era nada que se fizesse da noite para o dia e muito menos em isolamento.

Aos poucos, reconheci o modo recorrente, circular, com o qual eu procurava denegar os meus limites e a minha finitude: no campo dos estudos, as leituras incessantes, angustiadas, vorazes, acompanhadas de um senso de insuficiência e insatisfação. Nesse contexto, tudo era importante, tudo era condição. Não havia hierarquias. Eu consumia tudo como um drogadicto, buscando em cada trago aquele que bastasse. Em cada trago, o último trago. O que era um prazer logo se convertia em um fardo, uma compulsão alienada.

Isso mudou, e a sequência de manhãs de escrita tornou obsoletas muitas das práticas obsessivas de antes. Eu já podia gostar e desgostar, e dispensar o que não me dizia respeito. E diante da minha atividade pessoal de escrita, tão rica e repleta de peripécias, os ditames alheios assumiam o segundo plano. Livre da busca por um ideal, eu podia enfim aperfeiçoar-me no ofício.

As mudanças continuaram a ser percebidas, uma sequência de causas e consequências, e pequenas modificações subjetivas desencadeavam grandes reestruturações comportamentais, bem enraizadas na experiência.

A conquista da confiança produziu efeitos curiosos e um pouco contraditórios. Como estava mais confiante em meu próprio juízo, eu me permiti comprar certas brigas. Almejava uma certa confrontação, porque agora ela não me tirava do sério. Como consequência, as mágoas difusas — anteriormente varridas da consciência imediata — refluíam, e os afetos conscientes sobrevinham com intensidade. O lado bom disso é que eu estava abrindo mão de um falso equilíbrio, de uma falsa paz. Os ossos continuavam no armário, e retirá-los dali produzia uma comoção pessoal, familiar e social.

A Mel falaria em expurgo. Eu estava me limpando durante os espasmos do transe, com meu choro convulsivo, com a cólica que me ancorava. O arrebatamento, as belezas quase insuportáveis daquela noite derretiam um inverno prolongado, propunham uma nova música, uma nova história a partir dos mesmos fios. Engolfado pelo negrume, comecei a ouvir uma conversa que reverberava nas ondas aquáticas. Eram baleias, baleias sinfônicas, as mães, os pais, os filhotes de baleias, o cardume vagando lentamente pelas cadências do tempo. Elas não conversavam com palavras, mas com balbucios e eufonias, e nelas eu conseguia escutar a curiosidade, a ternura, a apreensão, a brincadeira. Essas antipalavras contavam histórias fluidas que as baleias compunham em família, uma sonata atonal de uivos inconscientes. De uma alegria inocente, singravam a escuridão, famílias inteiras de baleias, flutuando em seu hábitat, eu não podia vê-las, mas sabia ouvi-las. E era em mim que elas nadavam, sempre reunidas por uma cumplicidade de cuidado e convivência. Os extraterrestres não nos faziam falta. O mistério já estava aqui e em toda a parte. Mal havíamos começado a tocar a superfície. E não era de espaçonaves que precisávamos, mas de escafandros. Havia um mundo dentro do mundo, e eu estava exultante por tê-lo descoberto a tempo.

Agradecimentos

Agradeço à Joselia Aguiar, que acompanhou de perto a elaboração deste livro. Suas orientações foram imprescindíveis para que ele assumisse a sua forma definitiva. Meus sinceros agradecimentos à Andréa Berriel e à Virginia Ferreira, que conheceram as versões preliminares do ensaio de onde Baleias no Deserto nasceu. A elas e a Reynaldo Damazio, sou grato pela amizade e companhia na incrível viagem a Alto Paraíso. Minha afetuosa gratidão também à Tatiana Chang Waldman, pela cuidadosa e criteriosa leitura do original em uma das suas fases preliminares.

Sou muito grato à Mel Bevacqua, nossa xamã em Alto Paraíso. Obrigado à Lia Buschinelli, por toda a orientação e referências durante a viagem ao Japão. E à Carla Tennenbaum, por suas colaborações essenciais acerca da economia circular.

Sou muito grato a Bianca Brauer, que me ajudou nestes meses a dar movimento às ideias do livro nas redes sociais. Obrigado à Stella

Kwan, pelo sofisticado trabalho de divulgação, e à Cristina Gu, pelo magnífico design gráfico.

Meu abraço aos participantes do clube de leitura que organizei em 2022, "A Olho Nu", pela saborosa discussão acerca dos temas que este livro suscitou.

Sou muito grato, sempre, a Regina, Tanira, Martina e Jacques, irmãos fortes e presentes em tudo o que faço.

Meu sincero agradecimento a Leonardo Garzaro, meu editor, por apostar neste projeto e tornar possível que ele chegasse a outras pessoas.

Referências e recomendações de leitura

Parte I — Nosso deserto

As primeiras seções deste ensaio fazem referência a artigos publicados na Folha de São Paulo entre junho e agosto de 2021.

Aos que desejam saber mais sobre as extinções do planeta, recomendo o trabalho de Elizabeth Kolbert, vencedora do Pulitzer em 2015 com o livro *A Sexta Extinção: uma história não natural* (Intrínseca, 2015).

Criei a personagem Thaís, no capítulo "As canas de alma" para transmitir o pensamento original de Anna Lowenhaupt Tsing, antropóloga estadunidense e professora do Departamento de Antropologia da Universidade da Califórnia. Recomendo muito a leitura de *O cogumelo no fim do mundo* (n-1 edições, 2022) e de *Viver nas ruínas: paisagens multiespécies no Antropoceno* (IEB, 2019).

Sobre as ilhas de calor urbanas e a comparação entre os climas das grandes cidades, recomendo a leitura dos artigos: Patrick E. Phelan et al., "Urban Heat Island: Mechanisms, Implications, and Possible Remedies". *Annual Review of Environment and Resources*, v. 40, n. 1, Palo Alto, 2015, pp. 285-307. E também: Jean-François Bastin et al., "Understanding Climate Change from a Global Analysis of City Analogues". PLOS One, v. 14, n.º 10, San Francisco/Cambridge, 2019.

O conceito de economia circular nasceu com o manifesto *Cradle to Cradle*, de William McDonough e Michael Braungart (North Point Press, 2010). Materiais em português podem ser encontrados no site "Ideia Circular", de Léa Gejer e Carla Tennenbaum. O conceito de hiperobjeto é de Timothy Morton, do livro *Hyperobjects: Philosophy and Ecology after the end of the world* (Minnesota Press, 2013).

Sobre o modo como enxergávamos o futuro até 1970, recomendo a obra de Franco Berardi, *Depois do futuro* (Ubu, 2019).

Parte II — Poética da suficiência

Há uma vasta bibliografia emergente sobre os riscos da dieta restritiva e a onipresença insidiosa da indústria de alimentos, bem como a necessidade de retornarmos a uma alimentação tradicional. Para uma introdução, sugiro a leitura de *Nutricionismo: a ciência e a política do aconselhamento nutricional*, de Gyorgy Scrinis, além dos livros de Michael Pollan sobre o tema: *O dilema do onívoro* (Intrínseca, 2007), *Regras da comida* (Intrínseca, 2010) e *Em defesa da comida* (Intrínseca, 2008), além de *Cozinhar: uma história natural da transformação* (Intrínseca, 2014).

As práticas de alimentação e mindfulness estão no já mencionado *The Joy of Half a Cookie* (Orion, 2015), de Jean Kristeller e Alisa Bowman. No Brasil, recomendo a leitura de *O peso das dietas* (Sextante, 2018), de Sophie Deram, e os estudos sobre os alimentos processados de Carlos Monteiro, médico e doutor em Saúde Pública pela Universidade de São Paulo. Sobre o impacto do consumo de leite desnatado, recomendo a leitura de: Zemel, M., Thompson, W., Milstead, A., Morris, K. & Campbell (2004). "Calcium and dairy acceleration of weight and fat loss during energy restriction in obese adults". Obesity Research, 12(4), pp. 582-590. E também: Rautiainen, S., Wang, L., Lee, I., Manson, J., Buring, J. & Sesso, H. (2016). "Dairy consumption in association with weight change and risk of becoming overweight or obese in middle-aged and older women: a prospective cohort study". Am J Clinical Nutrition, 103(4), pp. 979-988.

Acerca do uso de leite desnatado como prática de engorda de porcos, recomendo o estudo da Oregon State Agricultural College, realizado por Oliver, A. W. e Potter E. L., "Fattening pigs for market" (1930).

Sobre os compostos da maçã, leia: Natalia S. Janzanntti, Maria Regina B. Franco, Fernando M. Lanças. "Identificação de Compostos Voláteis de Maçãs (Malus domestica) cultivar Fuji, por Cromatografia Gasosa-Espectrometria de Massas». Ciênc. Tecnol. Alimento. v. 20 n. 2. Campinas, Mai/Ago 2000. E também "Avaliação da atividade antioxidante e identificação dos ácidos fenólicos presentes no bagaço de maçã cv. Gala", de Marcia Soares, Lucas Welter, Luciano Gonzaga, Alessandro Lima, Jorge Mancini-Filho e Roseane Fett, Food Science and Technology, 28 (3), Set 2008.

Estudos sobre a história da alimentação e a gramática da comida podem ser encontrados na obra de Massimo Montanari, professor de História Medieval da Universidade de Bolonha. Recomendo também a leitura de *O queijo e os vermes*, de Carlo Ginzburg, sobre o imaginário camponês no medievo. Na mesma linha, a leitura de Le Goff, *A civilização do ocidente medieval* (Vozes, 2018) e das obras de Hilário Franco Jr., como a *Cocanha: a história de um país imaginário* (Cia das Letras, 1998) e *Cocanha: várias facetas de uma utopia* (Ateliê Editorial, 1998), podem ser muito instigantes.

Parte III — Divã Jangada

São crescentes as produções científicas e de divulgação a respeito dos cogumelos mágicos e do uso psicoterapêutico dos psicodélicos. Limito-me aqui a uma porção do material a que tive acesso.

Sobre os experimentos com criatividade, recomendo a leitura de: James Fadiman. "The Psychedelic Explorer's Guide." Toronto: Park Street Press, 2011. Outro guia interessante foi escrito pela jornalista Michelle Janikian: *Your Psilocybin Mushroom Companion* (Ulysses Press, 2021). Achei muito bonito o documentário *Ram Dass: A Caminho de Casa*, de 2017, e o fascinante *Fantastic Funghi* (2019), escrito a partir da obra organizada por Paul Stamets. Stamets é uma grande referência sobre fungos em geral, e recomendo a leitura do livro *Fantastic Fungi: Expanding Consciousness, Alternative Healing, Environmental Impact* (Earth Aware Editions, 2020), a partir do qual o documentário foi feito. Outro autor incontornável nos últimos anos: Merlin Sheldrake, *A trama da vida* (Ubu, 2021).

Para um panorama geral da história dos psicodélicos, recorri a este outro livro fundamental de Michael Pollan, *Como mudar sua mente* (Intrínseca, 2018). A vasta pesquisa do professor da Imperial College Robin Carhart-Harris sobre entropia e os psicodélicos na saúde mental são fascinantes. Dos artigos, recomendo a leitura do texto basilar "The entropic brain: a theory of conscious states informed by neuroimaging research with psychedelic drugs", Front. Hum. Neurosci., 03 February 2014. Sec. Cognitive Neuroscience. Volume 8. Também assinam o artigo: Robert Leech, Peter Hellyer, Murray Shanahan, Amanda Fielding, Enzo Tagliazucchi, Dante Chialvo e David Nutt.

Sobre a psicoterapia com psicodélicos durante o período em que as substâncias foram proibidas nos Estados Unidos na segunda metade do século XX, recomendo que leiam: Myron J. Stolaroff. "The Secret Chief Revealed: Conversations with Leo Zeff, pioneer in the underground psychedelic therapy movement." Sarasota: Multidisciplinary Association for Psychedelic Studies, 2004.

O Brasil é referência em pesquisa acadêmica sobre psicodélicos, com destaque para o estudo da *ayahuasca*. Remeto aqui aos trabalhos de Rafael Guimarães dos Santos, Jaime Hallak, José Crippa, Flávia Osório e Rafa Sanches, da USP de Ribeirão Preto. As pesquisas com *ayahuasca* e depressão de Fernanda Palhano-Fontes e Dráulio de Araújo, da Universidade Federal do Rio Grande do Norte, são pioneiras.

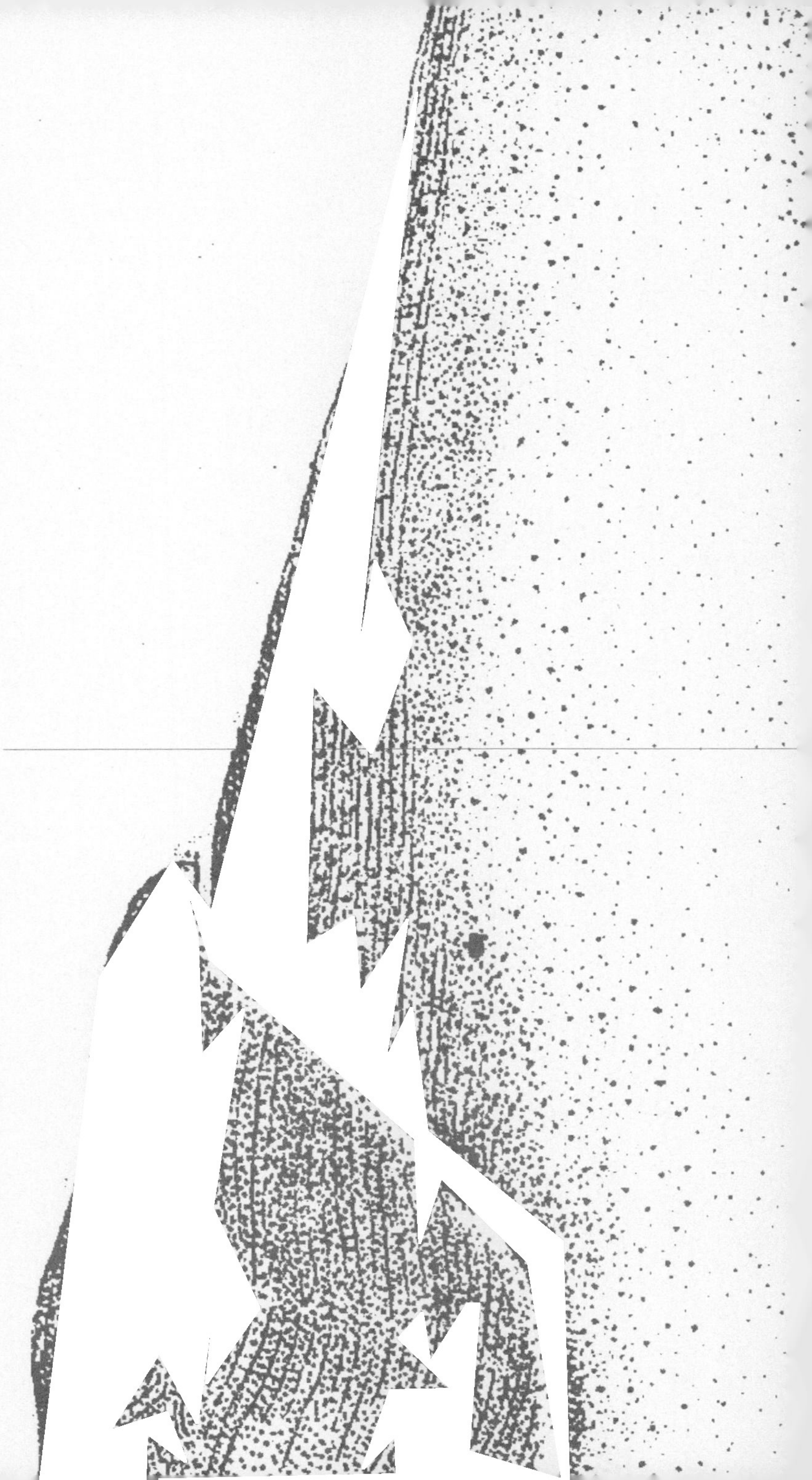

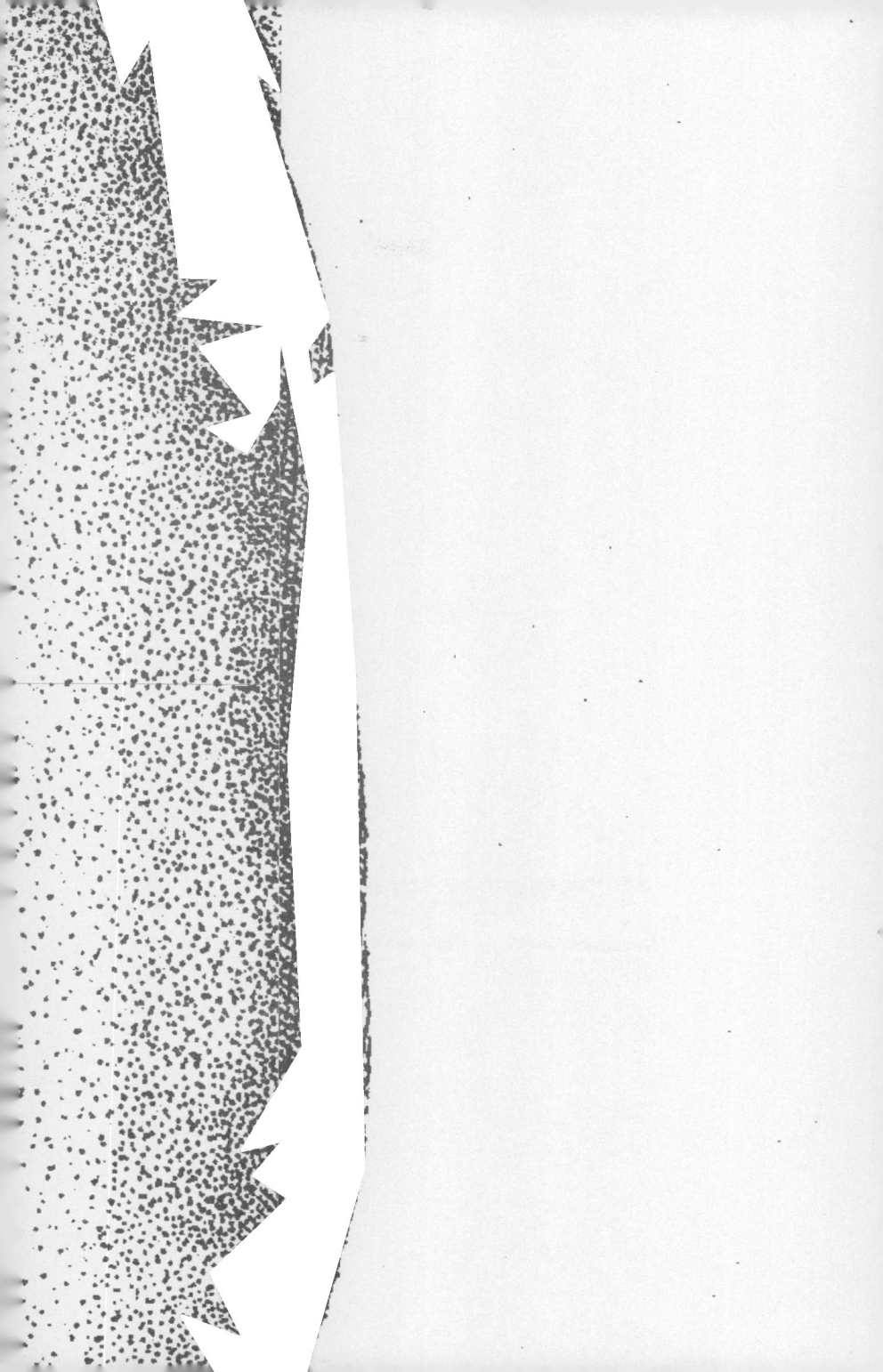

Exemplares impressos em OFFSET sobre papel Cartão LD 250g/m2 e pólen Natural LD 80g/m2 da Suzano Papel e Celulose para a Editora Rua do Sabão.